JN317061

松本健一
講演集2

日本近代の憧れと過ち

人間と歴史社

日本近代の憧(あこが)れと過(あやま)ち

目次

日本の目覚め

岡倉天心

岡倉天心
おかくらてんしん
（一八六二〜一九一三）

本名・覚三。1875年東京開成学校に入学、政治学・理財学を学ぶ。新設の東京大学文学部に入学、フェノロサの日本美術研究に協力。卒業後文部省に入省、鑑画会の創設に参加。文明開化の中でフェノロサとともに日本美術の復興に尽力。1887年東京美術学校の開設にかかわり、1890年学長に就任。横山大観・下村観山・菱田春草ら多くの画家を育てる。伝統を重視する美術教育の基礎を定めるなど美術行政に手腕を発揮するが、1898年美術学校内部の排斥運動にあい辞職。同年橋本雅邦や門下の横山大観・菱田春草らと「新時代における東洋美術の維持ならびに開発」を主張して「日本美術院」（上野谷中）を創立、明治日本画の先駆となる。インドに渡り、タゴールらと交流。滞在中に『東洋の理想』を著す。1904年渡米、ボストン美術館東洋部長を兼任し、中国・日本美術部で東洋美術の整理・目録作成を行なう。1906年茨城の五浦（いづら）に拠点を移し、『茶の本』を発刊。茶をテーマに日常生活における自然と芸術との調和を説き、日本の文化思想を紹介した著作として世界的に高い評価を得る。（写真：日本美術院創立当時の岡倉天心。茨城県天心記念五浦美術館所蔵）

東洋の精神を伝えた国際人

今日は岡倉天心について、『日本の目覚め』を中心にお話しいたします。

『日本の目覚め』あるいは『日本の覚醒』ですが、その『日本の目覚め』という本は一九〇四年（明治三十七）十一月に、ニューヨークのセンチュリー社から出版されております。英文で執筆されて、天心が数え四十三歳のときの著作でありました。

英文の題名は『The Awakening of Japan』by Okakura Kakuzoとなっております。

その岡倉覚三について若干の説明がついておりまして、「Author of『The ideals of the East』」（『東洋の理想』）の著者であるということが若干の注釈として入っております。

本文は二二三ページの分量で、本書の原稿は一九〇三年、すなわち日本の明治三十六年から三十七年の前半にかけて執筆されました。一九〇四年二月に、天心は横山大観（一八六八〜一九五八）や菱田春草（一八七四〜一九一一）を伴って渡米しておりますが、その渡米のときにこの英文の著述を携えて行っております。

この『The Awakening of Japan』（『日本の目覚め』）は、前著『The ideals of the East』（『東洋の理想』）が「アジアは一つである」（「Asia is One」）という衝撃的な有名な冒頭の言葉によって知られますが、これに対して、末尾の「ヨーロッパは戦争をわれわれに教えた。それでは、彼らはいつ平和の恵みを学ぶのだろうか」という有名な言葉によって広く知られております。

この『日本の目覚め』という英文の著作を携えて、天心らがアメリカへ旅立つ日に、衝撃的なことですが、日露戦争が開始（明治三十七年二月八日開戦、十日宣戦布告）されております。そこにヨーロッパから戦争を学んだ日本というジレンマというか、歴史の皮肉が現実化しているといってもよいでしょう。

しかし、その『日本の目覚め』の内容に深く入る前に、まず天心のこの著作に至る思想的な道筋というものを簡単に話しておきたいと思います。

漢字を読めなかった天心

天心は一八六二年（文久二）に元福井藩士で、横浜の生糸貿易商の石川屋・岡倉勘右衛門（かんえもん）の第二子として生まれております。石川屋は福井藩の横浜における物産売りさばきどころでありました。

当時、横浜は日本で唯一といってもいい貿易港でありました。そこで各藩が西洋諸国と貿易をする、いわば西洋欧米に開かれた唯一の窓であったといってもよろしいでしょう。ここで岡倉天心は育ちました。

つまり福井藩、幕末から明治にかけての福井藩は、松平春嶽（まつだいらしゅんがく）（慶永（よしなが）。一八二八～一八九〇）から橋本左内（はしもとさない）（一八三四～一八五九）という勤皇（きんのう）運動家、あるいは勤皇思想家たちの名前によって知られる勤皇藩でありますが、勤皇藩と西洋、その二つが岡倉天心の思想形成のもともとの核というふうにとらえられるかと思います。彼の精神風土というものは、勤王藩と西洋という、相矛盾する、相対立する異質な要素でありました。

これはもう少し説明をしないとわからないわけですが、天心の乳母（うば）となったのが橋本左内の分家の橋本つねという女性で、天心の息子であります岡倉一雄（おかくらかずお）の著作『父　岡倉天心』（一九七一）という本がありますが、それによれば、天心は三、四歳になったころから彼の揺籃（ようらん）の歌（ゆりかごの歌）は、常に彼女みずからが、橋本つねみずからが見聞した橋本左内の逸事（いつじ）、逸話に限られていたというふうに書いてあります。

ここに覚三（天心）の勤皇意識、あるいは尊王（そんのう）意識、つまり明治からその以前の幕末から明治にかけての正統者、正統意識の根がここで培（つちか）われたということができます。

一方、天心は七、八歳のころから、横浜のヘボン塾（のちの明治学院）、ブラウン塾、つ

世界各国で出版された『茶の本』の表紙のひとつ

【橋本左内】
はしもと さない。1834〜1859。福井藩士。14歳で「稚心を去れ」と書いた『啓発録』を著す。15歳で緒方洪庵の適塾に入門、蘭学・医学を学び、藩の洋学を振興。1854年江戸に遊学、藤田東湖、西郷隆盛らと交遊。藩主松平春嶽に認められ、由利公正と共に藩政改革に努め、横井小楠を政治顧問として招く。統一国家の樹立や日露提携論を唱え、若年にして名声を得る。将軍継嗣問題で一橋慶喜擁立に尽力するも、1858年安政の大獄で捕えられ、翌年小塚原で斬首。

いでブラウン（Samuel Robbins Brown　アメリカの宣教師。一八一〇～一八八〇）が関係していた高島学校で英学を学び始めております。

ふつう物書きができ始める年齢になりますと、当時の人々は「四書五経」（四書＝大学、中庸、論語、孟子。五経＝易経、春秋、書経、詩経、礼記）から学び始めるのが当然でありますが、天心のみは、外国人の、それも耳からの英語教育、英学教育から学問というか、知識形成を始めたわけです。これはやはり一種特殊なものがありました。

先ほど申し上げました『父　岡倉天心』にはこんなエピソードが述べられております。父・勘右衛門に連れられて川崎大師に参拝した際、東京と神奈川の県境に立つ道標（みちしるべ）を指されて、父親から「読んでみろ」と天心はいわれました。ところが、ほぼ漢字で書かれた県境に立つ道標の一字も、天心は読めなかった。

天心の英語の実力は、明治三十六年の『東洋の理想』や、この『日本の目覚め』、明治三十九年に書かれた有名な『茶の本』（『The Book of Tea』）などが達意な英文で書かれていることからも推し量ることができるわけですが、すでに二十歳のときには英国人、外国人と対等に英語で話すことができる、そういう流ちょうな英語を学びとっておりました。

勤皇藩と西洋という、言い換えれば日本の正統伝統と西洋近代とを二つながら身につけて思想形成をしていった岡倉天心でありますが、これを和服と英語、つまり伝統的な和服と西洋の英語という要素に置き換えてみますと、天心はこんなことをみずから語ったと伝えられております。

「おいらは、第一回の洋行のときからほとんど欧米を和服でとおっている。おまえたちも（これは子どもたち、岡倉一雄たちにいった言葉）、せめて英語がなめらかにしゃべれる自信がついたならば、海外の旅行に日本服を用いたほうがよいということを教えておく。しかし、破調（はちょう）の英語（ブロークンの英語）で和服を着て歩くことははなはだ賛成しがたい」

これは天心の伝統意識というものと、西洋に開かれた生活態度なり、思想の表し方と二つながら示しているといっていいと思います。

焼かれてしまった卒業論文

天心は明治六年（一八七三）、十二歳のときですが、東京外国語学校（現・東京外国語大学）に入っております。明治八年には、東京開成学校（のちの東京大学）に入って政治学や理財学（経済学に近いもの）を学んでおります。その後、美術論をやったりする天心が政治学や理財学を大学で学んでいるということは興味深い出来事といっていいでしょう。

天心は十八歳で、大学在学中に結婚しておりますが、卒業論文を英文で「国家論」と題して書いております。しかし現在は、それは残っておりません。

それは十八歳で結婚した彼の妻（元子）がまだ十六歳の、いわば幼な妻でありましたために、夫婦げんかの果てにカッとヒステリー状態を起こした妻が、その英文の「国家論」

という卒業論文を破いて、燃やしてしまったからであります。

その当時のことを岡倉一雄は『父　岡倉天心』の中で次のように述懐しています。

「いよいよ七月の学年末が近づくにつれて、天心は五月六月の二カ月を通じて、苦心して『国家論』の一篇を英文で書き上げ、卒業論文として提出する日を待ち望んでいた。そのうちに妊娠中の若き元子といささかの原因で痴話喧嘩を惹き起こし、ヒステリー気味の若妻は、前後の見境もなく、夫天心が二カ月を費やし、あらん限りの脳漿を絞ってようやく書き上げた『国家論』の稿本を、あとかたもなく焼却してしまった。

若き天心はこの結果をみて、大いに怒ったが、いかんともする術なく、一カ年卒業をおくらせるか、残った二週間の短時日で、ともかく他の一篇を書き上げるか、二つに一つを択ばねばならない岐路に立たされてしまった。気鋭の彼は、すなわち、勇を揮って第二の道を択び、即日紙を展べ、ペンを執って『美術論』の一篇を殴り書きしはじめた。十六歳の若妻元子も、焼毀した原稿がそんなに重要なものとわかると、天心のそばにつきそって、絶えず煙管に好きな煙草をつめ代えて供するのであった。二週間の中、ほとんど半ば以上の徹夜がつづけられ、卒業論文はできあがったが、前の『国家論』とは比較にならない拙劣なものであった。

天心は晩年の晩酌後に、当時の談が出ると、『アレは全くママさんの焼餅が祟ったのだ。おいらは、せっかく二月かかって書き上げた『国家論』を焼かれてしまったから、やむをえず二週間で『美術論』をでっち上げた。その結果、成績は尻から二番目、しかも一生この『美術論』が祟って、こんな人間になってしまったのだ』と述懐するのだった」――彼はそのように急遽、違う論文に替えたわけですけども、そのへんから彼の美術への志向というか、そういうふうな仕事を心がけるようになるわけであります。

もちろん最初は文部省音楽取調掛に入って、そこから内記課、そのあとで美術関係に仕事を移すというかたちになりますが、その内記課でフェノロサ（一八五三～一九〇八）とともに京都や奈良の古美術や古い仏像、あるいは古い社寺を調査しております。

明治二十年（一八八七）には東京美術学校（のちの東京芸術大学）幹事、その後、校長へと彼は進んでおります。しかし明治三十一年（一八九八）、三十七歳のときに官僚の政策、これは近代化といってもいいし、富国強兵策といってもいいのですが、西洋を模倣して近代化を進めるという官僚の政策と対立します。

これは人脈的な対立でもありまして、彼の伝統美術を保護しようという発想と、西洋から洋画を学んできた洋画グループというものとの人脈的な対立ともなります。

とにかく彼は明治三十一年に、文部省および東京美術学校の校長を追われて、上野谷中初音町に「日本美術院」を創立します。この日本美術院に洋画と対立するところの邦画界の横山大観、菱田春草らの中心人物たちが結集し、天心は伝統的な、ナショナルな絵画美術芸術運動の指導者となるわけです。

横山大観
よこやま たいかん。1868～1958。本名・秀麿。東京美術学校の第1回生として岡倉天心・橋本雅邦に学ぶ。天心の校長辞任に殉じて助教授を退職、日本美術院の創立に参加。菱田春草とともにその中心的存在となった。その画風は輪郭線を描かない、色彩の変化だけで形を表す朦朧体を試み、墨画にも新境地を拓いた。1914年、下村観山、安田靫彦らと日本美術院を再興し、日本画壇の一大勢力に育て上げた。その画は天心の理想主義をくむもので、清新な構図、みずみずしい筆致、豊かな情感によって近代日本画の最高峰となっている。（写真：国立国会図書館所蔵）

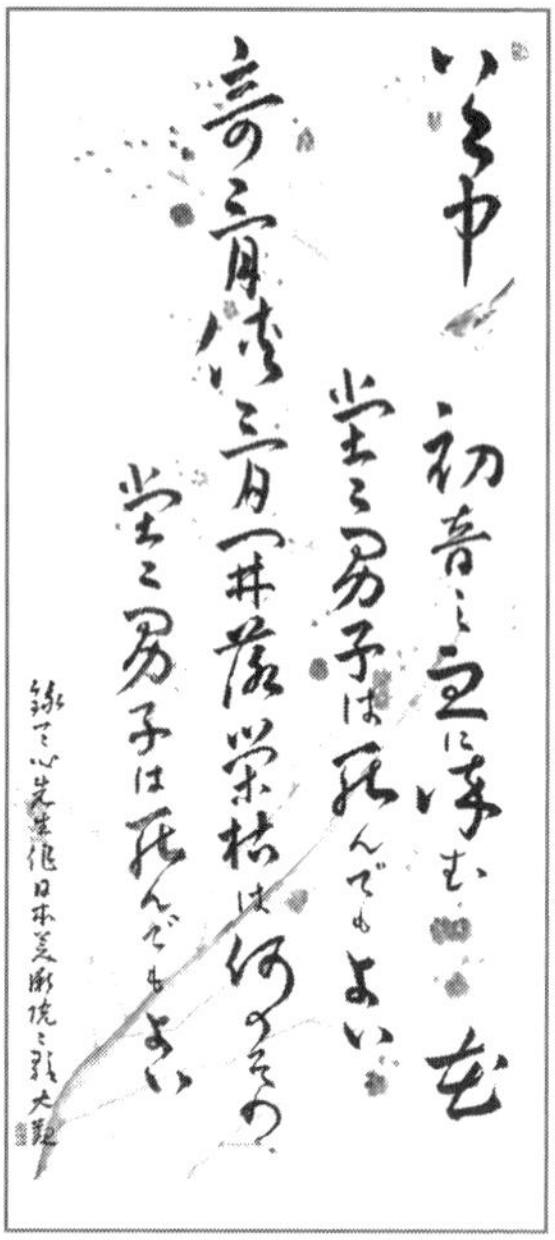

日本美術院院歌
（横山大観作：昭和14年。鶯と梅は絵になっている）

菱田春草
ひしだしゅんそう。1874～1911。本名・三男治。天心の校長辞任に際し講師を辞任、日本美術院に参加。朦朧体の試みなど西洋画法にも学び日本画を革新した。（写真：東京国立近代美術館所蔵）

フェノロサ
Ernest Francisco Fenollosa。1853～1908。アメリカの東洋美術史家。ハーバード大学卒業後、エドワード・モースの紹介で1878年来日し、東京大学で政治学・哲学・理財学などを講じる。1880年文部省に掛け合い美術取調委員として岡倉天心を助手に京都・奈良で古美術の調査。滅亡寸前の日本画の復興を提唱し、日本画家たちに覚醒を求める講演を行なう。1884年美術団体「鑑画会」を設立、狩野芳崖・橋本雅邦らに影響を与えた。東京美術学校設立後は美術史教授として天心とともに新日本美術運動の中心となり、1890年帰国後もボストン美術館東洋美術主管として日本美術の紹介に尽力した。ロンドンで客死。（写真：www.bibliotrutt.eu）

その日本美術院の「院の歌」（院歌）があります。これは天心作と伝えられております。「谷中うぐいす初音の血に染む紅梅花　堂々男子は死んでもよい　奇骨侠骨開落栄枯は何のその　堂々男子は死んでもよい」

――開け、落ちる、栄える、枯れる、開落栄枯は何のその、堂々男子は死んでもよい。

そして二番は、後半の部分が「懲戒免官何のその　堂々男子は死んでもよい」となっております。

これは天心のつくった院歌となっておりますが、当時の天心および邦画家、邦画界の中心メンバーたちの意気込み、日本美術院を創立したときの意気込みを見ることができましょう。

モチーフとなった「黄禍論」

一九〇二年（明治三十五）、前年インドに渡った天心は、カルカッタでインドの青年革命家などと交わって、すぐには発表されませんでしたが、『東洋の理想』のノートを執筆しております。これは西洋に対する抵抗意識というものを非常に強く出した著作であります。翌明治三十六年、英文で、先ほど触れました「アジアは一つ」という有名な言葉で始まるところの『東洋の理想』（『The Ideals of the East』）をロンドンで刊行しております。

そして翌明治三十七年二月に、日露戦争の開始時点にアメリカに向かって、そこで横山大観、菱田春草らの作品展を開きながら、あるいはまた講演の旅を続けながら『日本の目覚め』、あるいは『日本の覚醒』という著作を刊行するわけです。

ここで今日入手できる邦文の『日本の目覚め』の訳文に触れておきますと、テキストとしては平凡社の『岡倉天心全集』第一巻の橋川文三（はしかわぶんぞう）さん訳の『日本の覚醒』と、それからもう一つ、中央公論社の『日本の名著』シリーズの中の一冊、岡倉天心と志賀重昂（しがしげたか）（地理学者。札幌農学校卒。一八六三〜一九二七）が一冊になった本ですけれども、夏野広（なつのひろし）さん訳の『日本の目覚め』という二つの訳文が、今日入手しやすいテキストといえましょう。

『日本の目覚め』は、第一章が「アジアの夜」、第二章が「繭」、以下、第三章「仏教と儒教」、第四章「内からの声」、第五章「白禍（はっか）」、第六章「幕閣（ばっかく）と大奥」、第七章「過渡期」、第八章「復古と維新」、第九章「再生」、第十章「日本と平和」から構成されております。そして、この第二章から第十章は在米中に補足されたものといわれております。

明治三十七年（一九〇四）、日露戦争の開始時に、天心がこの著作を著した意図は、日露戦争前後に欧米に高まりつつあった「yellow peril」のキャンペーンに対抗することにありました。いわゆる「黄禍論（おうかろん）」です。黄色人種が世界に災いをもたらす、西洋に対して恐怖となって危機を与える、というふうな論です。

この「yellow peril」、「黄禍（おうか）」という主張に対して、むしろ最初は「white peril」だった、「白禍（はっか）」だったんだと天心は主張します。

『東洋の理想』において、彼はこう述べています。

「アジアの兄弟姉妹よ！　今や東洋は衰退の同義語になり、その民は奴隷を意味している。われわれの温順さは異国人のあざけりであり、商業の名のもとに好戦の徒を歓迎し、文明の名のもとに帝国主義者を抱擁し、キリスト教の名のもとに残酷のまえにひれふしてきた。ヨーロッパの栄光はアジアの屈辱である。『黄禍』の幽霊は、西洋の罪悪感がつくりあげたものである。東洋の静かな凝視を『白禍』にむけようではないか。われわれはたがいに孤立してきた。さあ、共通の苦難という大洋のなかで溶け合おうではないか。私は諸君に暴力や侵略をよびかけているのではない。諸君の勇気に訴え、自覚を求めているのである」

――白人が、西洋が、ヨーロッパが東洋を侵略したり、征服したり、支配したり、抑圧したり、そういう動きに、あるいはそういう力に対して立ち上がった。立ち上がろうとする。そういう動きがアジアにあったんだ。それを代表したのが日本なんだ。その日本は、だから戦争を行なおうとして日清・日露の戦争を行なっているんではなくて、じつはそういう力で東洋を、アジアを侵略、征服、支配、抑圧しようとしている西洋、ヨーロッパに対して平和を主張する。そういう使者として、平和の使者として目覚めたんだ、というかたちで日清・日露の戦争を説明しようとします。

もちろんこれは戦争の説明だけではなくて、要するに「アジアがアジアの復興を遂げようとする動き」と広く言い換えてもいいでしょう。

とにかく、この『日本の目覚め』というものは、日本がアジアを代表し、そのアジアというものは「yellow peril」、「黄禍論」に抵抗して、それに対抗して立ち上がろうとしている、という意図のもとに書かれているといっていいでしょう。

その『日本の目覚め』の冒頭部分を読めばわかるように、天心の文章は非常に詩的(poetic)です。美的であるといってもいいでしょう。それは時には飛躍につながります。

しかし、ひとつ冒頭の文章を聞いてみてください。

「日本の急激な発展は外国人にとっては多かれ少なかれ一つのなぞであった。彼らにとってこの国は花と軍艦の国。壮烈な武勇と繊細な茶わんの国。新旧両世界の薄明の中に奇妙な陰影が交錯する風変わりな辺境（へんきょう）の国である」(『日本の目覚め』夏野広訳、以下引用同)

この詩的というか、美的な表現のすぐあとに、『日本の目覚め』という著書のモチーフとなった「黄禍論」に対するアジア人からの、日本人からの否定の意志を秘めた次のような文章が続きます。

「最近まで、西洋が日本をまともに取り上げたことは一度もなかった。それがおかしなことにわれわれが諸国民の間に地位を占めようとして、成果を収めた今日、それらの成果が多くの西洋人の目にはキリスト教世界に対する脅威と映っているのである。

不思議の国ではどんなことでも起こりうる。空想が未知のものを思い描くとき、そこには誇張がつきものである。世界は新生日本に、一方では猛烈な非難を、他方ではばかげた賞賛を浴びせた。われわれは、近代進歩の寵児（ちょうじ）となり、同時にまた恐るべき異教の再生、黄禍そのものとなった」（同）

ここには、日本が幕末から明治にかけて開国策をとり、西洋の模倣のもとに近代化して強国となり、経済的にも軍事的にも西洋の脅威となったときに、悲しいことに「yellow peril」という非難の危機感の対象とならざるをえなかった、ということが書かれております。

道教に近い思想

東洋は、西洋化・近代化を学ばなければならない。

――これは一種の前提としてあります。

しかし、それを学ばなければならないのは確かであるにしても、西洋もまた東洋を学ばなければならないのではないか。風変わりな辺境とのみとらえていては、黄禍論を抱いて東洋を恐れるだけになる。それを非難するだけになる。西洋もまた、東洋を学ぶ必要があるのではないか。

これがのちの明治三十九年の『茶の本』になりますと、「東洋と西洋は融合しなければならない」という、かなり落ち着いたというか、東洋と西洋の文明の融和論、融合論に発展していくわけです。

この『東洋の理想』『日本の目覚め』という著作の段階ではもっと「東洋対西洋」で、東洋はいま屈辱におかれている、西洋の力によって一方的に押しまくられている。それに対して、東洋は西洋化をしなければならない、学ばなければならない。西洋を学ばなければならないことはたしかなんだけれども、これに対して西洋も東洋を学んで、それをよく理解する必要がある、といっているわけです。

ここでは東洋と日本というもの、アジアと日本というものがイコールとみなされておりますが、これはなぜか――。

天心にとっては、日本がまず東洋を自覚し、覚知（かくち）した存在であるというふうに思われたからであります。だから西洋に対して、「東洋とは何か」ということを教える使命を担っている。天心はそう考えたのであります。

そこで天心は、日本が東洋であるゆえん、東洋であることの意味を述べ始めようとします。これは「日本は何であるか」ということを述べることと同じであります。

日本とは、いってみれば神の邦（くに）であって、自然に溶け込んだ帝（みかど）という美的な観念といってもいいでしょう。

これは三島由紀夫の理念にあった文化的天皇制、文化概念としての天皇に近い考え方でありますが、三島の場合には、この日本の文化、伝統の文化というものを守るために、軍

青年時代の岡倉天心

道服を着た岡倉天心

隊と天皇とを「栄誉の絆」で結びつけようという危機感にとらわれていた、ということとくらべると、はるかに美的な、観念的なものといってよろしいでしょう。

天心の日本についての説明、すなわち「アジアとしての日本」についての説明をもう少し続けてみましょう。

「まず最初に万民の上に、万物の上に帝がおられた。この神聖な観念は、太古以来の日本の精神的遺産であり、神話がこれを神聖化し、歴史がこれをはぐくみ、詩文が理想化してきたものである。帝は統治の任にあたらないこともあるが、しかし常に君臨する。われわれの愛する富士山がとこしえにもの言わず美しくそびえているように、また大海原が絶えまなく日本の岸辺を洗っているように、帝は常にそこにおられるのである」（同）

すなわち、ここにおける天皇という概念は、政治的な、制度的な、社会的な、宗教的なものというよりも、自然としてある。日本の富士山や海と同じようなかたちの自然としてある。そういうものとして、そういう美的な観念として天心はいっております。これが日本の中核にあると天心はとらえております。

これは一種の天心の信仰といってもよろしいのですが、信仰というと宗教的に聞こえすぎます。天心は、宗教的にはむしろ道教（中国漢民族の伝統宗教。黄帝・老子を教祖と仰ぐ。道〈タオ〉の不滅と一体を究極の理想とする）に近い思想を抱いていたということもできます。中国に行ったときも道教の寺に詣でたりしておりますし、道服という導師の着る服に似た服をみずからデザインして、好んでそれを着用してもおります。

ともかく、信仰といっても、天心がいう帝、天皇は美的な観念として、彼のなかに抱かれているものでありました。そして、その自然としてある天皇、帝――。政治でも宗教でも制度でもなく、自然としてある帝こそ、わが国の民族性の固有の伝統を象徴するものであるというふうにとらえておりました。

ヨーロッパの栄光はアジアの屈辱にほかならない

この現物の、現在の、現実のものとしてあるものではない虚構（きょこう）。一種の美的な観念に民族の固有性や伝統を象徴させるのは、民族主義の思想的な共質性を示している。

――これはどこの国でも同じようなものであるといえます。

西洋近代というものがモノや物質文明として現れてきたことに対して、そういう新しいものとして現れてきたことに対して、われわれは何も持っていない。何も持っていないのがアジアであります。

それならば、われわれのアイデンティティや民族的な固有性は当然新しいものではなく、古い虚構のものや精神といったものに求められざるをえないということであります。

モノではない、いってみれば精神としてある天皇に民族の固有性を認める。そこに日本がアジアであることのゆえんがある。ほかの国はまた、新しいものでないものや、そういう美的な観念に民族的なアイデンティティを求めていくかもしれない。しかし日本の場合は、帝がその伝統や民族の固有性を象徴した、と天心はとらえます。

ですから、天心がとらえている天皇は、政治的な、社会的な制度というものではないわけです。

そういったかたちで思想的、学問的に、あるいは精神的にアジアを自覚し始めたのが幕末の古学派（こがく）（朱子学や陽明学による解釈を排し、直接原典から孔子・孟子の真意を求めようとする学派。山鹿素行〈一六二二～一六八五〉、伊藤仁斎〈一六二七～一七〇五〉、荻生徂徠〈一六六六～一七二八〉ら）、あるいは国学派（儒教・仏教渡来以前における日本固有の文化・精神を明らかにしようとする学派。本居宣長〈一七三〇～一八〇一〉ら）といった学問的な、思想史的なとらえ方を、天心はこの本の中でしています。そしてその古学派に、何のために変革を行なうのか、何のために民族の固有性を主張しなければいけないのかを教え、民族の固有性を主張しないというかたちで「徳川」を否定するわけです。

さて、アジアが精神、つまり一種あるかないかわからない伝統的なものに固有性を求めなければならなかったのは、ヨーロッパがそういうモノの力によって「近代」というものをアジアに押しつけてきたからです。

アジアは近代に入って征服されたり、占領されたり、支配されたり、あるいは抑圧されたりしました。アジアは近代に入って屈辱の一途をたどってきたわけです。

すなわち、ヨーロッパや西洋の近代というものとアジアの屈辱は表裏一体のものであります。ここに、

「ヨーロッパの栄光はアジアの屈辱にほかならない」

という、天心の有名な言葉が見いだされるわけです。

これは近代というものが西洋と東洋にもたらした不幸な関係といっていいでしょう。

白禍化する日本への批判

日本が帝の存在を民族的固有性の象徴としたように、東洋はそれぞれの民族的固有性というものを認めて、それぞれにアジアとなっていきました。それは西洋に強いられたかたちの東洋の自覚でありました。いや、東洋に、アジアにならんとするのであります。

そして、最初にアジアを自覚した、西洋に抵抗するかたちで自身を、民族を自覚しよう

としたのが日本であるというかたちで、天心は日清・日露の当時の日本を世界史的に主張するわけです。

しかし、考えてみれば、すでに日清戦争において中国に勝ち、日露戦争においてロシアに勝った日本は、軍事的にも、経済的にも、文明的にもほぼ西洋近代と同じようなかたちを持ち始めている。少なくともアジアの諸国にとっては、日本は西洋と変わらないものとして立ち上がり始めている。

西洋と見まがうようになった日本に対して、日本もまた「white peril」、「白禍」と同じではないか。西洋の模倣をしてアジアを侵略して、そういう国になり始めているのではないか、というアジアからの批判が、天心の声には、天心のなかのアジアからは聞こえてくるのであります。

アジア文明の代わりにヨーロッパ文明と提携しようとするわれわれの熱心のあまり、これは明治維新から日清・日露の戦争の過程を示しているわけですが、その熱心のあまり、大陸の隣人たちはわれわれを裏切り者、ときには白禍そのものとさえ見るにいたった。西洋を模倣し、西洋の近代にならって自己形成をして、開国し、富国強兵策をとっていった近代日本を、天心は批判することを忘れていません。

しかし、そういう現実が一方でありながら、日本は白禍となりきってしまったわけではない。

少なくとも天心にとってそう考えることは、自分がアジア人であること、日本人であることをまったく無視することになるから、理念的に日本人である、アジア人である天心は、「西洋を吸収しつつ、東洋古来の理想を復活させようとしたのが明治維新であった」といいます。

これは明治維新に対する非常に理念的な見方であります。のちのアジア主義者である北一輝（一八八三〜一九三七）の考え方とほぼ同一のものといっていいでしょう。すなわち、明治維新によって西洋を吸収しつつ、東洋古来の理想を復活させようとした日本というものが、理念としてのアジアである。そのように、天心は日本のナショナリズムとアジア主義を調和させ、融合させたのです。いや、同一化させたのです。

もちろん、この調和、融合、同一というものができた天心は幸福な時代に生きていたといえるでしょう。日本は日清・日露の戦争の過程をとおって、アジアをみずから侵略する過程をたどっていったわけであります。

天心の明治維新以来の日本に対する理念的な見方は、たとえば次のようなかたちでいわれます。

「われわれは外来思想のたびたびの流入にもかかわらず、常に自己を失うことがなかった。この民族性のおかげでわれわれは西洋主張に対して、西洋主張に激しく洗われながらも自らの個性を保持しえたのである」（同）

アジアの復興を謳いながら、大東亜共栄圏（欧米勢力を排除して、日本を盟主とするアジア民族の共存・共栄を説く。一九四〇年松岡洋右外相の談話に由来）というアジアを侵略するかたちをつくっていった歴史は、天心のこういう言葉を裏切っていくわけであります。

ともかく、天心はそのように理念的に書いているのであります。

日本の近代、ひいてはアジアの近代は、アジアが非アジア化していく、脱アジア化していく、そして西洋に近づいていくことであり、それをモットーにしていくのが日本の近代でありました。

「脱亜化」はわたしの考える日本ではない

ともあれ、天心がこの『日本の目覚め』を書いている時点では、まだそういった歴史の復讐はそれほど明らかにはなっていない。むしろ日本がやっと目覚め始めた状況で、アジア諸国もまた屈辱におかれている、西洋の支配の下におかれている。力の圧伏の下におかれているという、屈辱の自覚においてアジアは一つである。

——そのように自覚しはじめる時点が、アジアの近代だといってよろしいでしょう。

そして、その屈辱においてアジアが一つである状態を逃れるためには、西洋化・近代化することがひとつの方法でありました。

少なくとも日本が選びとった道は、西洋化・近代化することによって、アジアが屈辱におかれている状態から逃れようとする、すなわち「脱亜化」しようとする方法を国是とするのであります。「アジア主義」という名の、アジアに見果てぬ夢を託す主張を代償に、そういった一群のアジア主義者をつくり上げることを代償に、日本は国家として近代化の道をひたすら歩みました。「脱亜化」の道を歩みました。

　そういう過程にあって、それを「見果てぬ夢」と言い切ってしまうのではなく、現実の日本の歩み方とかかわるかたちで表明したのが、アジアに対する天心の美的観念でありました。

「われわれは好戦的で領土拡張の野望を抱いていると、しばしば非難されてきた。征服と植民の伝統を持っているヨーロッパ諸国民にしてみれば、彼らをしばしば戦争に駆り立てた拡張欲にわれわれが動かされているのではないといっても信じられないことかもしれない」（同）

　要するに、日本にそういった征服と植民のかたちを見ようとするのは、ヨーロッパ人たちの歴史から割り出しての批判である。日本はじつは好戦的ではないのだ。日清・日露という戦争を行ないつつあるけれども、じつはそれは平和のためなんだ、というのです。

　もちろん、すべての戦争は平和の名のもとに行なわれたり、あるいは自衛の名のもとに行なわれたりするわけです。

もう少し天心の言い方を聞いてください。

天心によれば、日本が平和的であり、好戦的ではないという理由は、日本の文明そのものの質に求められるという言い方をしています。すなわち、われわれの文明の性質そのものが他国に対する侵略を不可能にしているのであるというのです。

儒教は中国の農耕文化の縮図であり、本質的に自足的、非侵略的である。その儒教によってわれわれの平和的な帝の観念は国の民族性として定着したのだ、というかたちでいっています。

しかし、それは歴史的な事実に反しているといわれるかもしれません。

天心の言い方によれば、

「日本が朝鮮を占領しようとすれば機会はいくらでもあった。しかし、われわれは平和を望むがゆえに激しい挑発にもかかわらず、それを我慢したのである」（同）

ということなのです。

天心が『日本の目覚め』を書いたのは一九〇四年（明治三十七）、日露戦争の勃発時で、朝鮮は日本の植民地（一九一〇年併合）とはまだされておりません。「だから甘いことを言ったんだ」ということもできましょう。

しかし、ひるがえって考えてみれば、「日本が朝鮮を占領しようと思えば機会はいくらでもあった。しかし、われわれは平和を望むがゆえに激しい挑発にもかかわらず、それを

我慢したのである」という天心の言い方は、これ以後、日本が朝鮮を占領するという事態が現れてきた場合には、

「そういう日本はわたしが考える日本ではない。それはアジアとしての日本ではない」

というかたちで、天心はおそらく批判をしたでしょう。

言い換えると、日本がアジアでなくなる。

天心が考える「日本」といってもいいし、「帝」といってもいいわけですが、そういうものが天心の美の基準からかけ外れてきている状態に対して、彼は「ノー」といわざるをえない。いや、「ノー」といおうとしたのだ。

日本がそういう脱亜化の方向へと歩み始め、アジアに対して侵略の歩を伸ばそうとするような現状が見え始めてきた。そのように考えるがゆえに、日本にそのことを説き、それ以上に世界に、

「わたしの考える美は精神であり、アジアである。アジアは精神的であることによってアジアである」

と訴えようとした。物質的な近代を拒否したかたち、それに抵抗するかたち、戦争を必然とする帝国主義に対して平和であるところのアジア、そういうものを世界に訴えようとしたのだ。

そのように見ることもできます。

しかし、日本の歴史は天心の予測や願望や希求にもかかわらず、逆の事態へと進んでいきます。

日本の開国・近代化は、究極的には「攘夷（じょうい）」を目指しているものであったが、西洋に対抗するためには、夷（い）に対抗するためにはみずからが開国し、近代化し、富国強兵化し、文明的にも、軍事的にも、経済的にも「強国」となるような道をとらなければ、外国勢力に、帝国主義諸国に、西洋欧米帝国主義列強に対抗できない。だから当面は開国政策をとるのだ。究極の理念は、日本が日本として「自立」することである。

すなわち、究極的には攘夷の道を選ぶことであるということに問題を戻して考えると、天心の予測は、じつは裏切られる運命にあったといえるかもしれません。

ただ、これは天心の歴史に対する読みの甘さであるということもできますけれども、それ以上に、天心の美的観念を、アジアとしての日本を裏切っていった現実の近代日本への批判として展開されるべきでありましょう。

そして、衝撃的な『日本の目覚め』の末尾の文章はこの世界に対して訴えかけるとともに、日本そのものの批判としても聞くことができます。

すでに冒頭で紹介しましたが、もう一度くり返していいます。

「ヨーロッパはわれわれに戦争を教えた。それでは、彼らはいつ平和の恵みを学ぶのだろうか」

この「ヨーロッパはわれわれに戦争を教えた。それでは、彼らはいつ平和の恵みを学ぶのだろうか」という言葉は、理念的な美としての、精神としてのアジア、アジアであるところの日本を設定するならば、現実の軍国主義化に進もうとさえする、アジアを侵略しようとする道を歩んでいる近代日本、それ自体を批判しているといえないでしょうか。

放射能か矛盾の塊か

竹内好（一九一〇〜一九七七）さんによれば、岡倉天心の思想は「不断に放射能をばらまく性質を持っている」といわれます。

たとえば、すでに何度か触れました日清・日露の戦争を「平和のための戦争」としたことや、「アジアは一つ」という言葉が大東亜戦争の最中において標語として選ばれております。そういう選ばれ方をしたのは、戦争中に日本のアジア侵略を糊塗するために、理念的に、美的に飾り立てるために、

「アジアは一つである。アジア復興のための戦争を遂行するのだ。その際に日本が名士になるのだ」

という、現実政治からの要請に応える美的な観念として持ち上げられたということであります。

ところが、戦争が終わって、平和の時代における岡倉天心のとらえ方は、そういう美の

人、美を伝える使命を持った人、美とは何であるかを掲げる人になり、美というものは精神であり、精神であるところのアジアであり、そしてそのアジアを体現する日本である、というかたちで岡倉天心に対する評価が生まれてきます。

しかし、その美的な観念は、じつはどこからが現実批判であり、どこからが現実容認であるかということが非常に不明解で、限定性というものを持っていないのです。

美というもの、ロマン主義というものは、そういう性格をもともと内包しています。

ですから、大東亜戦争のときに「アジアは一つ」という理念が掲げられたとはいっても、それ自体が天心の責任ではないといえます。それは天心の美的な観念にはそういう限定性がなく、それを使われては困るという歯止めがもともとないからです。そして、美というものにはもともとそういうものがないという結果であるといっていいでしょう。

色川大吉（一九二五～）さんによれば、天心は「矛盾の塊である」といわれ、「日露戦争の勝利の成果に乗ってみずからの祖国がすでに完全に脱亜の軌道に外れてしまっていることに気がつかない」と批判しています。

しかし、先ほど私が述べたように、必ずしもそうとは言い切れない。天心が非難の対象とされるべきではなく、現実の日本のほうこそが、日本の歩みのほうこそが批判されるべきであるということになります。

われわれはいつ平和の恵みを学ぶのか

天心は一九〇四年（明治三十七）以降、ボストン美術館東洋部長を兼ねてしばしば海外に滞在し、英文の著作や詩作を行なっています。そして、一九一三年（大正二）に新潟県赤倉（あかくら）の山荘で病死をします。ですから、この『日本の目覚め』を書いた以後、わずか十年ほどしか生きなかったことになります。

ともかく、天心の『日本の目覚め』という本はその末尾の一節によって、今日のわれわれにとっても、近代日本を引き継いで、そしてまた経済的にも、あるいはまた軍事的にさえも強国となろうとする今日の現代日本にとっても、ひとつの警告を発しているのではないでしょうか。

ヨーロッパはわれわれに戦争を教えた。近代西洋はそういうものとしてあった。もともと西洋が、白人が、東洋に対する恐怖としてあった。「white peril」（白禍）としてあった。それを学ばなければ、日本は、アジアは、没落してしまう、滅亡してしまうと思ったからこそ、アジアは近代化し、西洋化していった。そのヨーロッパが教えたことの一つに、「戦争」ということもあったのです。

「ヨーロッパはわれわれに戦争を教えた。それでは、彼らはいつ平和の恵みを学ぶのだろうか」

――これは西洋にのみ発した言葉ではなく、今日西洋化し、近代化してしまったわが国日本に対しても、みずから問いかけている言葉、投げかけている言葉ということができるのではないでしょうか。

（NHKラジオライブラリー「人と思想　岡倉天心」に加筆。第一回・平成十三年八月二十三日、第二回・平成十三年八月三十日、ともにNHKラジオ第二放送）

The Soul of Japan

新渡戸稲造

新渡戸稲造 にとべ いなぞう

（一八六二〜一九三三）

南部藩士の子として盛岡に生まれる。札幌農学校に入り、クラークに導かれてキリスト教に入信。アメリカ・ドイツに留学して農業経営学を修め、帰国後、1906年一高校長、その後東大教授、東京女子大学学長、拓殖大学名誉教授などを務める。国際平和を主張し、1920〜1926年国際連盟事務局次長・太平洋問題調査会理事長として国際親善に務めた。クエーカーの信仰と広い教養を備え、国際的日本人として世界平和と日本の開明のために貢献した。カナダ・ビクトリア市で病没。著書に英文の『武士道』ほか『農業本論』『東西相触れて』など。（写真：国立国会図書館所蔵）

百年前に書かれた日本の精神

昨今、新渡戸稲造の『武士道』が有名です。李登輝（元台湾総統）さんの『武士道』の解説が出ましたし、藤原正彦さんが『国家の品格』（新潮社、二〇〇五）で「武士道」を非常に高く評価したということもあります。

海外に行けば、日本人というと「侍」とか「武士道」とか「大和魂」について質問され、そのときのために新渡戸稲造の『武士道』を一度でも目を通しておいたほうがいいだろうという気もします。

それからもうひとつ、この『武士道』はほぼ百年前（一九〇〇年）の本ですが、日本人が書いた英語の名文といわれています。

日本人が書いた英語の本で、名文といわれるものはこの本を混ぜて、三つある。それは新渡戸稲造の『武士道』（『The Soul of Japan』）と内村鑑三の『代表的日本人』（『Japan and Japanese』）（一九〇八）、それから岡倉天心の『茶の本』（『The Book of Tea』）（一九〇六）です。全部、日露戦争の前後ぐらいに書かれた本です。日本人が書いた英語の本で、「すぐれた英文」と現在でもいわれる本です。

ということは、いま日本では英語教育が盛んですが、日本人はこの百年、何をしていたんだということにもなるだろうと思います。

また、こういう言い方もできます。
その百年前の日本というのはどういう国か、世界にほとんど知られていなかった。日清戦争で勝ったが、アジアで勝っただけで、ヨーロッパのほうでは、「それは古い大国の中国と新興国の日本が戦って、日本が勝った」というレベルの話でしかなかった。しかし、日露戦争に勝つぐらいになると話が違ってきます。

福沢諭吉の『西洋事情』（一八六八）という幕末に書かれた本があります。

その『西洋事情』の中で、福沢は世界の国々をそれぞれに説明しています。この国はどういう歴史を持っているか、いまどういう状態にあるか。世界で一番の海軍国はイギリスである、これはもう常識になっていると書いてある。アメリカはまだ出てこないんです。

私はよく学生たちに質問するんですが、幕末から明治にかけて、この『武士道』が書かれるあたりまで、つまりちょうど百年前の二十世紀が始まるころ、

「世界の大海軍国はどこでしょう」

というと、まず一番がイギリス、二番がアメリカというふうにいう人が多い。

ところが、日清戦争（一八九四～九五）と同じころ、つまり米西戦争（一八九八）のころのアメリカ海軍のミリタリーバランスは世界で十二位ぐらいで、日本は三十二位ぐらいのレベルです。

その日本がロシアと戦い、バルチック艦隊に勝ってしまう。そうすると当然、

「日本という国はどういう国なんだ」「だいたいどこにあるんだ」

ということから始まって、

「どんな歴史を持っていて、いまどういう状態なのか」

ということが問われるわけです。

そこで日本は海外（欧米）に対して、「日本とはこういう国である。日本人とはこういう生き方をする民族である」ということを発信しなければならない、その最初の民族的体験だったといっていいと思います。だから目的がはっきりしているわけです。

そこが一つ大きな問題として出てくるだろうという気がします。

『武士道』が書かれた時代背景

先ほど世界の海軍力のトップはイギリスだといいました。では、陸軍国のトップはどこだということになりますね。そこで書かれていますのは少し変遷があるのです。

幕末から明治の中ごろまで、「強い」というふうに『西洋事情』にも書かれ、日本人が覚えたのはフランスです。

幕末の徳川幕府はどこの陸軍国を模範とするかといったら、フランス陸軍です。ナポレオン三世（一世の甥。普仏戦争に敗れて退位。一八〇八～一八七三）のときは徳川慶喜（とくがわよしのぶ）（一八三七～一九一三。在職一八六六～六七）の時代で、慶喜にはフランス陸軍の制服をもらって着てい

ナポレオン３世

ナポレオン３世から贈られた将軍服姿の徳川慶喜

フランス陸軍の軍服装をした乃木希典（写真：国立国会図書館）

フランスによる幕府軍の訓練風景

る写真もありますし、それから幕末の徳川幕府の軍隊の号令は全部フランス語で、「アン、ドゥー、トロワ」（いち、に、さん）でやっています。行進などもそれでやっています。

制服から、号令から、その法規から全部フランス式で、そのままの流れで乃木（希典。一八四九〜一九一二）陸軍大将はフランス陸軍と同じ制服を着るわけです。

ところが普仏戦争（一八七〇）があって、これでプロシア（プロイセン）が勝ってしまう。ドイツが勝ってしまう。そして、そのときから日本の陸軍のなかにも「フランス方式ではだめなのではないか」「ドイツ方式を入れなければならないのではないか」という考え方が出てくる。これが参謀本部方式です。

現場の陸軍大将とか、陸軍の偉い人に作戦・戦略を任せるのではなくて、参謀本部が全体の構図の上で戦略を立てるというかたちになる。つまり、参謀のほうが政治的には、あるいは軍略的には上という考え方が出てくるわけです。

先の大東亜戦争でも参謀本部がありました。要するに、日本の陸軍というのは参謀本部方式というかたちで、東京にいる参謀のほうが全体の作戦計画を立てて、現地軍はそれに従うということになる。

それはともかく、世界でいちばん強いと思われていたナポレオンが「モスクワ遠征」（一八一二年五月〜一二月）でロシアに負けます。この戦争は例のトルストイの『戦争と平和』（一八六九）に書かれているように、ナポレオンは七十万の「大陸軍」を編成してヨー

ナポレオン一世

Napoléon Bonaparte。1769 ～ 1821。フランスの皇帝。コルシカ島に生まれる。司令官としてフランス革命を指揮、1804 年皇帝に就任。ナポレオン法典の制定、教育制度の再建、宗教協約などを行ない、近代フランスの基礎を築く。なかでも民法は日本を含む諸国に大きな影響を与えた。全ヨーロッパの制覇を図り、大陸封鎖勅命を出してイギリスに対抗したが、スペイン侵略・モスクワ遠征に失敗、解放戦争に敗れて 1814 年退位、エルバ島に流された。1815 年エルバ島を脱出して再起したが、ワーテルローの戦いに敗れ、セントヘレナ島へ流されて没。（ジャック＝ルイ・ダヴィッド画　Musée national du château de Malmaison 所蔵）

「ナポレオンのモスクワからの退却」
（アドルフ・ノーザン画　www.militaryartgallery.com）

ロッパ中を制覇し、最後にモスクワに侵攻してくるわけです。ロシア軍はといえば、逃げるばかりです。総司令官のクトゥーゾフ将軍（一七四五～一八一三）はそういう戦略をとりました。これは大陸国家の戦略です。

中国でも、毛沢東軍は「長征」（一九三四年十月、中国共産党が江西省の拠点を放棄し、翌年陝西省北部に至る一万二五〇〇キロメートルの大行進）といいますが、逃げ回っているだけです。あの広大な大陸の中を逃げ回っていると、追いかけていくほうが体力がなくなってしまう。ロシアという大陸国家も、基本的にはそういう戦い方をしました。

ナポレオン軍が追いかけに追いかけてモスクワまで行き、占領してしまいます。

そのときにロシア軍のクトゥーゾフ将軍がとった戦略は、まず家を焼いてしまうということでした。同時に、貯蔵してある食糧も一緒に焼いてしまう。いわゆる焦土作戦です。

そうすると、ナポレオン軍が入ってきても宿舎がない、食糧もない。自分たちで持ってきたものはわずかです。そのうちに「冬将軍」という雪が降ってきます。そうしますと、もう体力は衰えるは、気力は衰えるは、そして寒い。夏に出てきた軍隊ですから冬用オーバーだって持っていません。「寒くてしょうがないから帰ろう」ということで、トボトボと退却をし始めます。

それを見たときに、クトゥーゾフ将軍は「今だ、かかれ！」といって、ナポレオン軍を撃退する。それがロシア軍の戦い方でした。

そのロシア軍に日本は日露戦争で勝つわけです。あれだってギリギリの勝ちです。ロシア軍は奉天（現・瀋陽）の会戦（ロシア軍三十二万、日本軍二十五万が一九〇五年二月末から三月十日にかけて行なった日露最大の陸戦）で負けて、どんどんシベリアのほうに退いていきます。これを日本軍が追いかける。追いかけるけれども、もうそろそろ弾薬も兵力も消耗し尽くしていて、その前になんとか「ポーツマス条約」（一九〇五年九月五日締結）が結ばれないと、あのあと戦争はどうなったかわかりません。

一方で、ロシア内に革命勢力が出始める（一九〇五年一月の血の日曜日事件、六月のポチョムキン号の反乱など）という問題もあって、ロシア帝国の判断にも「もうこのへんで手を引かなくてはならない」というのがありました。

が、ともかく、ロシアを破ったということで、

「日本というのはどういう国なのだろう」

という問いが世界に出るわけです。

もちろん、この『武士道』という本は、日清戦争のあと、日露戦争が始まっていない状況で書かれていますが、しかしそういうふうに世界が「日本というのはどんな国なんだろう」という関心が表れ始めてきたときに書かれているということです。

「日本には道徳の基準はないのですか」

新渡戸稲造がこの本を書くにいたったのは何なのかというと、それはこの序文に書かれています。

最初、彼はアメリカに行って、その後ドイツに留学をします。そこに行っているとき、「ベルギーの法学大家」と書いてありますが、ド・ラブレー氏の歓待（かんたい）を受けます。

そのとき、話題が宗教の問題になり、

「あなたのお国の学校には宗教教育はないとおっしゃるのですか」

と、この尊敬すべき教授が質問してきた。

「ありません」

と彼は答えます。いまの日本人の考え方と同じですね。日本人は「あなたは何宗ですか、何教ですか」といわれると、「無宗教」と答える人が六割を超えるぐらいいます。

そうすると、ド・ラブレー氏から、

「宗教がないなら道徳の基準がないということじゃないか」

と反論されます。つまり、宗教がないのなら道徳教育ができないじゃないか、と。

宗教というものは、何が人間にとって正しいことか、何がいちばんの徳なのかということを教えるわけです。これが道徳基準になりますから、「宗教がないということは道徳教育がないということではないか」といわれて、新渡戸は、

「そうか、われわれには道徳的な基準がないのか」

と考えたときに、

「いやいやあるぞ。それが武士道ではないか」

と思って、「日本の道徳規範とは何か」という問いに答えるかたちで、この『武士道』を書いたわけです。

さて、そのとき新渡戸はクエーカー教徒（プロテスタントの一派。フレンド派とも。「内なる光」を説く）でした。が、彼の道徳基準はクエーカーとか、キリスト教によってつくられてはいないということです。

では、彼はなぜキリスト教徒になったのかというと、これは「愛」です。慈悲（じひ）は別にして、キリスト教の愛というものが日本の宗教にはない。あるいは道徳基準にはない。キリスト教にしかないのではないかと思ったことから、彼は自覚的にクリスチャンになり、あるいはまたクエーカー教徒になっていった。

儒学者の多くがキリスト教へ転向していった

新渡戸稲造の出身は南部藩（盛岡）です。侍の家でありますが、彼のうちはちょっと独特で、曾おじいさん（新渡戸維民（これたみ））の時代に藩主の譴責（けんせき）を受けるというか、藩主の気分を害するというかたちで左遷（させん）させられます。左遷されていった先が、いまでいうと十和田市の北、十和田湖の下に広がる三本木原（さんぼんぎはら）というところです。

このあたりは、広大な、荒涼とした、草原といったらいいか、半分は森林でありました。そのような荒野に左遷をさせられるわけです。そして、開墾事業に携わります。

半ば草原のようなところですから水がない。そこに新渡戸稲造のおじいさん（新渡戸傳）たちは十和田山から流れる六戸川から水を引き、荒れ野原を田んぼ、畑にしていく。要するに開墾をしていくわけです。

そのようにして何十年間開墾した結果、かつての荒野が非常に豊穣な平野に変わっていき、明治には田んぼ、畑、そして牧場がつくれるような、そういう土地に変わっていきます。

明治九年（一八七六）に、明治天皇の東北巡幸というのが行なわれます。

そのとき、大久保利通、岩倉具視、木戸孝允、大隈重信といった内閣の半分ぐらいがお供として付いていきました。総勢百四十八人という大所帯です。

明治九年六月二日に東京を発ち、各地を巡幸して、六月十三日に一行はみちのくに入ります。そして七月十一日に青森県五戸に着き、翌七月十二日に、七戸へ行く途中三本木に立ち寄り、新渡戸稲造のところで休けいをします。

そのときに、明治天皇は五十円を下賜し、

「おまえたちは、このような荒れ地をよくこういう富んだ平野に、米もとれるような、あるいは牧場もできるような土地に変えてくれた。おまえたちは農学に対して非常に優れた

若き日の新渡戸稲造（左）
宮部金吾（中央）
内村鑑三（右）
（nanjingforever.web.infoseek.co.jp）

宮部金吾
みやべ　きんご。1860～1951。東京出身。札幌農学校・東大・ハーバード大学に学ぶ。北大教授。植物学の世界的権威。千島列島における生物分布境界線に彼の名を記念した宮部ラインがある。

内村鑑三
うちむら　かんぞう。1861～1930。高崎出身。キリスト教思想家。1891年教育勅語への敬礼を拒み〈不敬事件〉第一高等中学校講師を辞職。のち記者として足尾鉱毒事件を批判。日露戦争時の非戦論を主張し、信仰と世界的視野に立った愛国・正義の論陣を張る。無教会主義を唱え「二つのJ」〈Japan と Jesus〉に仕えることを念願とした。

札幌農学校全景

貢献をした。明治国家になったけれども、これからも頑張ってくれ」と激励をします。江戸時代には藩主に譴責をされていた新渡戸稲造のおじいさんたちは、初めて名誉を受けたのでした。

稲造はそのとき、まだ十三歳ぐらいだったと思いますけれども、

「これからは農業、あるいは酪農業で明治国家を支える」

ということで、自分も農学を志そうと思い、札幌農学校が開設（一八七六年。クラークが教頭として指導に当たる）されたとき、そこに行き内村鑑三（一八六一～一九三〇）と同期生になります。

これは農学のために入った学校ですが、それは同時に、それまで儒教で勉強してきた人たちが、もっと大きな、世界的な道徳基準に目覚めるというかたちでクリスチャンになっていくということでもありました。

第一期生のほとんどはクリスチャンになってしまいます。二期生の新渡戸稲造、内村鑑三、植物学者の宮部金吾（一八六〇～一九五一）もそうです。とくに、儒教のもとにいた人びとがキリスト教に転換する、というのがパターンとしていちばん多かった。

これはどういうことかというと、武士道あるいは儒教というのは徳川幕府を支える教えというか、日本の道徳でありました。たとえば、「義」というものがこの『武士道』の中で出てきます。義というのが侍にとってはいちばん大切である。大いなる義、つまり「大

義名分」ですが、何がいちばん義（ただしい）のかということを究（きわ）める。そういう理を究める学問が「朱子学」です。それが江戸幕府の官学となった理由です。

義というのは正しいこと、そして何が正しいのかというのが官学としての朱子学ですから、言い換えれば、江戸時代にあっては徳川家がいちばん正当な政治体系、権力であるということを理解しなさいという学問なのです。

ですから、同じ朱子学をやっていた水戸学も、幕末になると「大義名分は朝廷にある。天皇にある」というふうになるわけで、同じ大義名分論、朱子学を使って、じつは明治維新の革命が行なわれてしまったということになります。そういうおもしろさがあるだろうと思います。

だけれども、東洋社会においては、この儒学とか儒教とか武士道でもいいですけれども、「世界全体はそういう原理ではないだろう」と思った瞬間に、儒学者はキリスト教に転向していくわけです。

安井息軒（やすいそくけん）（一七九九〜一八七六）は湯島聖堂（ゆしませいどう）にいる官学の大家で、儒者の代表的な人でしたけれども、彼は明治になるとクリスチャンになります。また、朱子学派が強かった会津藩士でも、多くの人がクリスチャンになっていきました。

そういうふうに、儒学をやっていた人がそのままキリスト教徒に転向していくということが多かった。その事例の一つとして新渡戸稲造も考えたほうがいいと思います。

新渡戸稲造の場合、キリスト教に入信した具体的な動機は、それは「愛」がキリスト教にあるからでした。儒教にも武士道にも慈悲や仁愛はあるが、愛はない。しかし、キリスト教にはそういうものがあるといって、新渡戸稲造は自覚的にクリスチャンになります。

武士道とは忍ぶ恋である

「武士道」は当然、江戸時代の儒学と密接に結びついているわけです。

しかし、われわれが武士道と考えるのは、

「武士道と云うは死ぬことと見つけたり」

という『葉隠(はがくれ)』です。

三島由紀夫(一九二五〜一九七〇)さんが『葉隠』という本を死ぬ直前に書いていますが、『葉隠』はもともとは江戸中期、つまり命のやりとりをした戦国時代から遠ざかった時代に、鍋島(なべしま)藩に仕えていた山本常朝(やまもとつねとも)(一六五九〜一七一九)が口述したものを田代又左衛門陣基(つらもと)という門人が聞書(ききがき)として書いたものです。

江戸時代がもう太平の世の中になって、サラリーマンとしての武士になってしまったときに、真に武士というもの、生きがい、精神の規範は何なのかと問い直すことになります。それが『葉隠』(正しくは『葉隠聞書』。十一巻。一七一六)です。

そこでは「武士道と云うは死ぬことと見つけたり」という非常の精神というか、究極のアイデンティティが強調されますが、具体的には、お茶はどうするとか、日常生活はどうやっているとか、そういう記述がずいぶん多い。全体を読んでいると江戸中期のいろいろなことが出てきます。

それから、この世の中で信じられるものはあるのかというと、

「この世のことはすべてからくりなり」

という言葉も『葉隠』の中には出てきます。

これは私の先生に近いのですけれども、橋川文三（政治学者、評論家。一九二二～一九八三）さんという人がおりました。

彼は三島由紀夫さんとの往復の書簡集も出していますが、橋川さんは、

「日本における唯一の恋愛哲学はこの『葉隠』のなかにある」

という考え方を示して、若い私らは非常に影響を受けました。

恋愛哲学は何なのかといったら、「忍ぶ恋」です。恋は相手に知られてしまったら、それはふつうの日常的な結婚をするかどうかとか、あるいは生活を一緒にしていくかどうかとか、そういうことになってしまうのであって、純粋な恋愛は相手に知られないで恋の炎を燃やすことである。そういうことが『葉隠』に書かれています。

戦争中は武士道といえば、ほとんど『葉隠』でした。

作家の藤沢周平（一九二七～一九九七）さんは、戦争中は自分でも予科練（海軍飛行予科練

習生）に応募してしまうくらい、ひそかに『葉隠』を読んでおりました。友だちにも「予科練に一緒に行こう」と誘っています。

それが戦後になると、藤沢さんは「武士道は苦手」といい出します。そのなかには新渡戸稲造の武士道という内容はあまり入っていない。

つまり、新渡戸が書いている武士道は、「死ぬことと見つけたり」というより、われわれ日本人の「道徳基準はどこにあるのか」ということなのです。

封建時代の徳川時代は終わったけれども、しかしその精神規範、道徳規範というものは、明治の日本人にまだ武士道というかたちで残っているし、武士道はこれからも生き続けるであろうと書いています。「いや、生き続けなければいけないのだ」というふうに書いているわけです。

武士道は桜花と同じである

第一章の「道徳体系としての武士道」を見てもらえば、冒頭の部分に「武士道」と書いてあって、「シヴァーリー」（Chivalry　ヨーロッパの騎士道）とほとんど同じであるといっています。

シヴァーリーというのは「ホースマンシップ」より含蓄（がんちく）があるといわれていますが、忠君（ちゅうくん）、勇気、仁愛（じんあい）、礼儀などをモットーとし、婦人を敬（うやま）い、弱きを助けるという心です。

簡単にいえば武士階級、「ノーブレッス・オブリージュ」（noblesse oblige　身分に伴う義務）ですが、それとほとんど同じようなものがわが日本にもある。それが「武士道」でした。

次の段落に、「極東に関する悲しむべき知識の欠乏は」とあります。

当時、日本とか、東洋にはそういうヨーロッパの「シヴァーリー」のような精神類型はないという説がありました。それはジョージ・ミラー博士のごとき博学の学者が、

「極東に関する悲しむべき知識の欠乏は、シヴァーリー、もしくはそれに類似の制度は、古代諸国民もしくは現代東洋人の間にかつて存在しなかった」

と、躊躇（ちゅうちょ）なく断言していることでもわかります。

これに対して新渡戸は、

「武士道というものがあるんだ」

と抵抗します。「武士道は、その表象（ひょうしょう）たる桜花と同じく、日本の土地に固有の花である」というのです。

「敷島（しきしま）の　大和心（やまとごころ）を人問（ひとと）わば　朝日ににほふ山桜花（やまざくらばな）」

という歌は、戦争中に称揚（しょうよう）されました。

作者は本居宣長（もとおりのりなが）（一七三〇〜一八〇一）です。「敷島」はもちろん枕詞（まくらことば）で、「大和」の上にかかる言葉です。敷島というのは、島を敷きつめた、それによってできているという意味です。

戦争中は、日本人は桜のように潔く散る、この潔い精神が日本人である、あるいは大和魂であると説明されていました。軍歌の『同期の桜』も、「見事散りましょ国のため」と、潔く散るというのが日本人の精神であるというふうに説明されていました。新渡戸稲造もそのように解釈しています。

けれども、この解釈は間違っている。

先の大戦中、桜の花の散り際の潔さを称えるものと解説されることから、敷島隊とか、朝日隊とか、山桜隊とか、特攻隊の名前にほとんど取られました。けれどもそれは戦争中の解釈が間違っているのです。

歌人の斎藤茂吉（一八八二〜一九五三）や、川田順（一八八二〜一九六六）という住友総本社の常務理事をやった実業家ですが、歌人としても非常に有名な人で、最後は『老いらくの恋』で有名になり、映画にもなりました。

本居宣長

もとおり のりなが。1730〜1801。江戸中期の学者。伊勢松坂に小津定利の子として生まれる（のち先祖の姓・本居を称す）。幼名・富之助。京に上って医学修業のかたわら源氏物語などを研究。1762年賀茂真淵に入門して古道研究を志し、30余年を費やして大著『古事記伝』（44巻）を完成。宣長は『古事記』に書かれた神代の不可思議な物語はそのまま信ずるべきで、人知で疑ったり、理屈をいったりするのでは漢意（からごころ）のさか（賢）しらにすぎないとし、儒教の説く〈理〉に対して、目に見、手に触れることのできる事実の世界〈事〉を対置し、儒仏を排して古道に帰るべきを説いた。また「もののあはれ」の文学評論を展開、「てにをは」・活用などの研究は一時期を画した。（絵図：本居宣長61歳自画像。本居宣長記念館所蔵）

その人たちの解釈によれば、「朝日ににほふ山桜花」のにほふというのは、香りがするという意味ではないのです。

「丹・秀ふ」——つまり「赤」（丹）が出ている（秀）、赤い色が映えているという意味です。「ふ」は動詞化する接尾語です。

吉野の山奥にあるような山桜花。山の中にあって人知れず咲いているような花。花びらも小さい。そして、ほのかな赤——。中国の国花であるボタンの強烈な赤さとは違って、山桜は薄い赤で、形も小さいし、色も薄いし、匂いもあるかないかわからない。

そのような山桜が、朝日が当たった瞬間には、その赤が燃え出るような、そういう生命力の旺盛な赤になり、そして匂いも出てくる。

そういう小さなもの、ほのかなもの、かすかなもの、そういうものでも生命力を持っていて、それを、

「にほい立たせていくんだ、朝日が当たった瞬間には」

という歌です。

ですから、日本人とは何か、敷島の大和心とは何なのか、日本の心は何なのかといったら、小さなもの、かすかなもの、ほのかなもの、淡いものであっても、生命力を持っていて、それぞれに美しい。それぞれがみな頑張って生きているんだ、そういう生命力を発揮するときがあるんだと、死に際の潔さではなく、その生命力を称える歌と解釈をしなけれ

ばならない。

あるいは、日本人がそういう小さなもの、かすかなもの、ほのかなものに美を見いだしていく。そこに大和心があるというふうに解釈をしなければいけないのです。

これは、じつは日本人の発見なのです。

新渡戸稲造はそこまでは言及していないということが、問題性としてひとつあります。

しかし、この桜の花が日本固有の花であるということは明らかです。ですから選択を間違えているわけではないのです。

日本独自の美意識の開花

日本人は島国の中に閉じこもって、平和で、豊かで、安定した生活を形づくっていくのがうまい民族なんです。海に囲まれているという自然状況の国境というのがありますが、

斎藤茂吉

さいとう　もきち。1882～1953。本名・しげよし。山形県出身。東大医科卒。長崎医専教授としてドイツなどに留学、のち青山脳病院院長。伊藤左千夫〈1864～1913〉に師事、雑誌『アララギ』を編集。近代人の生活に根差した写生・万葉調〈ますらおぶり〉の歌を詠む。作歌17000余。実相観入の説を唱えた。（写真：長崎大学付属図書館所蔵）

外に新しい文明が興ってくると、それをどのようにしてか取り入れていくという民族でありました。

じつは、最初に日本人は桜の花を発見していないのです。

最初に「花」として尊んだのは何かというと、『万葉集』の中に出てくる四百何十首という花は、梅の花です。桜の花は二百七十首ぐらいしかない。

いちばん多いのは萩の花です。

「宮城野の萩」というように、萩は北国や山国に行かないとない。関東・東北に派遣された人びとが任期が終わって帰るときに、東国の萩を土から掘り出し、枯れないように都に持って帰って、「ああ、これが萩なのか」といって都の人々が驚いたというか、観賞したという、そういう話がありますが、それぐらい珍しいのが萩でした。

ところが、桜というのは実生ですから、日本全国に散らばっています。

数年前に、久しぶりに熊野に行きましたら、熊野はスギとヒノキばっかりです。

その人は熊野の山を持っている牛乳会社の社長さんでしたが、私はものを知らないから、

「いやあ、熊野も桜がきれいですね」

といいましたら、

「松本さん、これは山を手入れしなくなった証拠なんです。手入れして下草を刈るとかすると、スギが伸びていったり、ヒノキが伸びていったり、つまり優良な建築材料が手に入

るわけですが、それが手入れをしないで山が荒れると、結局、実生のいちばん強い桜が繁茂（はんも）してしまうのです。桜はわざわざ植えたんではないんです。みんなさくらんぼの種とか、その種が風で飛んでいってとか、そういうかたちでどんどん実を生む、実生なんです」

というのです。

桜は非常に生命力が強いのです。逆にいうと、桜は日本全国どこにでもある花です。だから珍しいものではない。

ということは、最初、美の対象にならない。萩が珍しいものだからいちばん歌で詠（よ）まれるのです。

正岡子規（まさおかしき）（一八六七〜一九〇二）という人がいます。短歌、俳句の革新者、詩歌の革命家と呼ばれた人です。

正岡子規

まさおか しき。1867〜1902。本名・常規（つねのり）。伊代松山の人。東京大学国文科中退。大学予備門で夏目漱石を知る。在学中から俳句を研究、新聞『日本』の記者となり、『獺祭書屋俳話』を連載して俳句革新運動を展開。さらに『俳諧大要』を執筆、また『蕪村句集』を発見して『俳人蕪村』を執筆。このころから病床に伏す。『ホトトギス』を中心に俳句活動を展開し、写生俳句・写生文を提唱。一方『歌よみに与ふる書』で短歌革新を試み、根岸短歌会を結成、後続の文学に大きな影響を与えた。句集『寒山落木』、歌集『竹乃里歌』、随筆『病床六尺』、日記『仰臥漫録』がある。（写真：国立国会図書館所蔵）

「柿食えば　鐘が鳴るなり　法隆寺」

なんであんな句が名句といわれたり、正岡子規を代表するものなのかと考えたとき、それは子規が「柿食えば」と芸術の対象にするまで、柿というものが文学の対象になったことがないのです。

昔は八、九割が農家でした。そしてすべての家に柿の木はありました。これは保存食になりますから、柿とか栗とかいう木は農家に必ずある。

毎日見ている日常的にあるものは生活の対象にはなりますけれども、美の対象にならない。なぜなら、これは保存食として食うものであって、美の対象ではないからです。

『源氏物語』の中に、『万葉集』の中に柿が出てきますか？　ないです。

それを初めて、「柿食えば　鐘が鳴るなり　法隆寺」というかたちで俳句で詠んだのが正岡子規です。

目の前にあるものでも、家のどこにあるものでも、あるいは日本のどこにでもあるようなものでも、芸術にうたえますよ——これが正岡子規のリアリズムです。

目の前にあるものも「美の対象、文学の対象ですよ」といったことによって、彼は革命家たりえるのです。

同じようなことが『万葉集』でもいえます。

最初は、美の対象は梅の花です。大陸から中華文明とともに伝わってきた梅の花です。

「東風吹かば　匂ひおこせよ　梅の花　主なしとて　春な忘れそ」

という有名な歌がありますね。これは誰の歌でしょうか。

皆さんご存じのとおり、菅原道真（八四五〜九〇三）です。学問の神様、受験の神頼みのときの神様です。日本最初の文章博士です。

文章というのは漢文からきています。日本には言葉はあるけれども、文字はない、文章はない、文化はない、文明はない。そういうときに、最初に文章が読める、漢文が読める、漢文で中国の王朝に手紙が書ける、それが文章博士のする仕事です。

梅の花というのは、そのように漢字と一緒に大陸から伝わってきた花です。

ですから、菅原道真は太宰府に流されていくけれども、

「わたしがいなくなっても、わたしの家にある梅の花よ、『東風吹かば』春の東風が吹いたら、『匂ひおこせよ』。そして、『主なしとて　春な忘れそ』わたしがいなくなっても、

菅原道真
すがわらのみちざね。845〜903。平安中期の貴族、学者。是善の子で代々学者の家柄の出。宇多天皇に仕えて信任を受け、文章博士・蔵人頭・参議などを歴任。894年遣唐使に任ぜられたが、その廃止を建議。醍醐天皇のとき右大臣となるも、901年藤原時平の讒言により太宰権帥（だざいのごんのそち）に左遷、そこで没する。のち学問の神様として崇拝される。（絵図：太宰府天満宮所蔵）

ずっとその春を、花の香りを、そして日本に文明を伝えてくれ。わたしがいなくなっても、みな、忘れるなよ」

そのときの文明の花というのは、桜ではなく、梅です。

中華文明崇拝の時代が終わると、平安時代が始まって……というふうにいってもいいし、もっと直截的にいうと、天智天皇のときに白村江（韓国・群山付近）に出陣（六六三）して、唐・新羅連合軍と日本・百済連合軍が戦って、負けます。負けて、国に戻ってきて、近江（今の滋賀県）に閉じこもってしまう。

日本はだいたい戦争に負けて閉じこもったときから、国風文化というのが開花します。文明の先進国は海の向こうにある。けれどもそれを手に入れて、一所懸命日本化する。そこで日本文化は花開く――。つまり、平安文化が花開くわけです。

紫式部が『源氏物語』を書き、清少納言が『枕草子』を書き、そして和泉式部がまさに日本の「和歌」を完成させる。和歌というのは大和言葉で歌う大和歌ですから、漢文・漢詩の世界ではない文化、日本文化というものが花開くわけであります。

そうすると、われわれ独自の美というものを考えるようになる。

つまり、大陸から伝わってきた、先進文明から伝わってきた文化ではなくて、それをねじ伏せて、日本の花とは何なのか、日本人の美しいと思う花は何なのか――。そう考えたとき、そこにありふれた、山野にどこにでもあるような桜の花に美を見いだしていく。

そう考えていくと、「シヴァーリーはその表象たる桜花と同じく、日本の土地に固有の花である」と新渡戸がいっているように、その日本の土地に固有の花として花開いた武士道というものは、武士道の基盤であるところの封建社会、江戸時代が終わったあとでもなおかつ日本文化として、民族の生きるかたちとして、あるいは日本の道徳基準としてずっと残り続けるであろうし、残り続けなければならないという新渡戸稲造の問題意識になるわけです。

武士道と儒教との違い

この『武士道』が書かれたのはちょうど二十世紀の始まる直前ですけれども、このころ日本は文明開化の時代です。つまり、文明の最先進国は欧米で、ヨーロッパから文明を学

児玉源太郎（右）と後藤新平

児玉源太郎
こだま　げんたろう。1852～1906。徳山出身。戊辰戦争に参加、兵学寮をへて将校となり、佐賀の乱・西南戦争に従軍。参謀本部第1局長・陸軍大学校長を兼任、ドイツ式戦術を導入して陸軍の近代化に努める。台湾総督・陸相・内相・文相を歴任。台湾では後藤新平を登用して植民政策に当たる。日露戦争では満州軍総参謀長として作戦を指揮した。

後藤新平
ごとう　しんぺい。1857～1929。水沢出身。須賀川医学校卒。愛知県立病院長をへて内務省に入る。衛生局長ののち台湾総督府民政局長となり植民地経営の基礎を築く。初代満州鉄道総裁、以後逓相・鉄道院総裁・内相・外相・東京市長を歴任。関東大震災の復興に尽力した。

ぶというかたちになっていました。新渡戸稲造にしても、農学を学ぶためにアメリカに行き、その後ドイツに行きます。

ドイツというのは、つまりプロシアがフランスに勝って、まさに新しい強い国でありまず。軍事ばかりではなく、学問もある。とくに明治時代になってくると、東大なんていうのはみなドイツ医学、ドイツ法学、ドイツ哲学、そういうものを取り入れます。

新渡戸稲造はその最先端でドイツ留学をします。農政学だけではなくて、植民地の統治・経営の学問、「植民政策」をそこで学んできて、彼は実際に台湾に赴任（一九〇一年、民政部殖産局長）することにもなります。呼んだのは児玉源太郎（一八五二～一九〇六）、後藤新平（一八五七～一九二九）です。

『学生に与う』（「学生叢書」）を書いた、日本でのリベラリストといわれる河合栄治郎（社会政策学者。東大教授。一八九一～一九四四）などは例外で、イギリスに留学します。

その河合栄治郎の奥さんのお父さんというのが和田垣謙三（一八六〇～一九一九）という人で、彼もまたドイツへ財政学・社会政策を学びに行きました。夏目漱石（一八六七～一九一六）のちょっと前の人で、兵庫県但馬（豊岡）の人ですが、この和田垣謙三がある演説をしまして、こういいました。

「日本の桜はまったく役に立たない。日本精神を代弁している『敷島の　大和心を人問わば　朝日ににほふ山桜花』とかいうけれども、こんなものは何の実用の役にも立たない。

桜花を信奉して、美の対象として認めているようでは日本は進歩しないし、文明開花の世の中にいつになってもならない。これにくらべて、ヨーロッパの、あるいはアメリカまで含めていいが、チェリーはさくらんぼうになる。これは人間の役に立つ。だからわれわれはもう日本の桜を美の対象として認めるようなことはもうやめていこうじゃないか」

――つまり、文明開化の時代は実学でなくてはいけない、という考えです。

福沢諭吉はまさに実学の代表者でありますが、江戸時代の朱子学というのは、いってみれば大義名分、すなわち正しいことは何なのかということを定め、それを行なうことでありました。義を明らかにし、義を究(きわ)め、そしてそれを行なう勇を持たなければだめだという「道学」であります。これが武士道の基本路線です。

そうだとすると、これは儒教ではないかと思われるかもしれませんが、儒教とは違います。儒学というのは実際に政治をする人の学問であります。

孔子

こうし　前551～前479。儒教の始祖。中国・魯の昌平郷（山東省曲阜）に生まれる。仁を理想の道徳とし、孝悌〈父母に孝行を尽くし、兄によく仕える〉と忠恕〈まごころと思いやり〉をもって理想を達成するを根底とした。魯（春秋時代の列国の１つ）に仕えるも容れられず、諸国を歴遊して治国の道を説くこと十余年、用いられず、時世の非なるを見て教育と著述に専念した。孔子の思想・言行は『論語』（20編）によく伝える。

孔子（前五五一～前四七九）が諸侯のところに行って、政治をする君主とか、あるいは政治をするような施政者に対して、どのように政治を行なうのが正しいのかということを教えるわけです。だから最高道徳は義ではない。

義ではなくて、「仁」です。仁政を行なうというのが、庶民に対する支配者としてのいちばんの道徳です。

いま、日本人に理想として挙げられるのが上杉鷹山（一七五一～一八二二）です。小説にもずいぶん書かれました。藤沢周平も『漆の実のみのる国』（文藝春秋、一九九七）で書きました。鷹山のことはこの『武士道』の中にも、また内村鑑三の『代表的日本人』の五人の一人にも取り上げられています。

十七歳の上杉鷹山が養子になって、米沢に赴任します。そのときに、春日大明神というのに誓詞を提出するわけです。そこには、十七歳といえども藩主ですから、藩主としての心得として「民の父母となること」と書いてある。つまり、民の父母として仁政を行なう、仁の政治を行なう。慈しみを持って、惻隠（あわれみ）の情を持って民に接する。

――これが要するに君主の道徳です。つまり、政治を行なう者としてはこういう仁の道徳を持たなければならない。それが儒学です。

ところが『武士道』には、最初に「義」が出てきます。

これは要するに、武士道というのは侍の道徳規範ですから、君主の道徳ではありません。

侍は、あるいは施政者は江戸時代のサラリーマンです。ですから、その人々の道徳規範は義から始まるということになるのです。そして義を行なう「勇」が出てくる。そこが儒教とは違います。

新渡戸稲造が江戸時代の道徳規範を「武士道」というふうに再編集したときには、「われわれ日本人の」というかたちで普遍化されるような、そういう武士道の精神になってくるということです。

植民地を持つことで文明国となっていった

先ほどの話にちょっと追加しますと、アメリカは海軍力としては第十二位だといいました。そのときの五大国というのはどこだったかというと、フランス、イギリス、ロシア、それからドイツ、オーストリアです。なかでもオーストリアが世界、ヨーロッパのほとん

上杉鷹山

うえすぎ ようざん。1751～1822。名は治憲（はるのり）。鷹山は号。出羽国米沢藩の第9代藩主。日向高鍋藩主秋月種美の次男として生まれ、10歳で上杉重定の養子となる。17歳で藩主となるも藩財政は逼迫、領地返上寸前であった。藩政改革を推進し、藩主自ら一汁一菜を実行して倹約を励行し、老臣たちの大家意識を変えるとともに荒地開墾を奨励、水利事業を行なうなど農村復興・民生の安定に努めた。また越後から縮織（ちぢみおり）業を導入し、自ら織布技術を習得して藩に織物業を興して藩を再生。細井平洲（儒学者）を招いて藩校興譲館を開設するなど、江戸時代屈指の名君として知られる。(絵図:上杉神社所蔵)

どというか、スペインまで含めてものすごい勢力を持っていました。

スペインとかオランダとかいうのは中等国といわれます。アメリカは米西戦争でスペインと戦って勝ったあと、その候補になってきます。しかし、そのときの規定は新興国です。日本も新興国です。「一応、文明国として認めてやるよ」といったところです。

ヨーロッパというのはどちらかというと、みんな小さい国です。国の面積としても、人口としても、ロシアを除けばみんな小さい国です。ですから、自分の国だけでは鉄道を敷いたり、国会議事堂をきらびやかにつくったり、舗装道路をつくったりするお金がないわけです。ましてや海軍を持つことも、あるいは陸軍を強くするなどということはできない。それが植民地時代になって、植民地を手にし始めるとみんな金持ちになってきます。

たとえば、ナポレオンがエジプトに進出するまでというのは、フランスはお金がなかった。きらびやかな議会がつくられ、そして議会の前の街並みに舗装道路といったものがつくられるのは、ぜんぶナポレオンがエジプトから麦とか金とかをぶん捕ってきてからのことです。

フランス革命（一七八九〜一七九九）のときのパリの街並みは、ほとんど泥道、土の道でした。モンマルトルの丘なんていうのは、フランシスコ・ザビエル（スペインの貴族出身。パリ大学に留学中イエズス会創立に参加。日本最初のキリスト教伝道者。一五〇六〜一五五二）が勉強しに道を上がっていくとき、まわりはぜんぶ畑だった。パリの街中のどこにも舗装道路なんてなかったのです。それができるようになったのは、つまり植民地を持ってからです。ベルギーだって、あんな小さな国だって「コンゴ（旧・ザイール）」という植民地を手に入れたとき（一九〇八）から、世界のダイヤモンドの都といわれるようになった。コンゴという植民地を持つことによって、文明国になっていきました。

同じように、アメリカや日本が、米西戦争（一八九八）に勝ち、あるいは日清・日露戦争（一八九五、一九〇五）で勝つことによって植民地を手に入れます。アメリカの場合はキューバを保護国（一九〇二）にし、グアム（一八九八）、フィリピン（一八九九）を植民地にし、ハワイを併合（一八九八）しました。そしてそれを手に入れた瞬間に、ヨーロッパから「文明国」と呼ばれるようになったのです。

そういう時代が、この『武士道』（一九〇〇）が書かれた時代です。

つまり、日本が日清戦争で勝ち、日露戦争がこれから行なわれるという時代にあって、このときに「日本とはどこにあるんだ、どういう国なんだ。道徳基準は何なんだ」という問いが世界に湧き、日本の精神として「武士道はこういうものですよ」と世界に発信していく本が『武士道』でありました。

（二〇〇七年九月五日、国家公務員研修（課長級）での講演に加筆）

「国民」という視点

徳富蘇峰

徳富蘇峰 とくとみ そほう

（一八六三〜一九五七）

本名・猪一郎。明治から昭和期にかけて活躍したジャーナリスト、歴史家。熊本の生まれ。熊本洋学校・東京英語学校（一高の前身）をへて同志社に入学（のち中退、帰郷）。1886年『将来之日本』を携えて上京、新聞人として名をあげる。1887年民友社を創立し、雑誌『国民之友』を創刊。1890年『国民新聞』を発刊。平民主義平民的欧化主義を唱えるが日清戦争を境にして国家主義に転じ、桂太郎に接近して皇室中心主義を主張。のち『皇道日本之世界』『興亜之大戦』などを著し、大日本言論報国会会長に就任、文章報国を唱えた。徳富蘆花は弟。交友は広く、勝海舟・新島襄・坪内逍遥・森鴎外・山田美妙・幸田露伴・小泉信三・松岡洋右・中野正剛・大谷光瑞ら多くの分野の人々と交わった。著書に『近世日本国民史』（100巻）『吉田松陰』『新日本之青年』『将来之日本』『日本国防論』『世界の変局』『時務一家言』『大正政局史論』『大正の青年と帝国の前途』『杜甫と弥耳敦』『大戦後の世界と日本』『頼山陽』『蘇峰文選』『昭和一新論』『国民叢書』（36冊）『蘇峰叢書』（12冊）など、300余の著作を残した。（写真：国立国会図書館所蔵）

三〇〇冊を超える著書

私と熊本は思想史や文学研究で深い関係を持っています。

五高（現・熊本大学）の漢学教授だった秋月悌次郎（一八二四〜一九〇〇）についても『秋月悌次郎　老日本の面影』（作品社、一九八七）という本を書いています。これはもう二十年前に出た本ですが、二〇〇八年四月に増補新版（辺境社）が出ます。秋月悌次郎の周辺を調べるために熊本にも来ました。秋月悌次郎が五高の生徒を率いて修学旅行で薩摩まで行った道も歩き、「加久藤越え」も体験しました。

五・一五事件（一九三二）の指導者といわれている大川周明（山形県生まれ。一八八六〜一九五七）も五高の出身です。大川周明は五高にいるときに、「龍南会雑誌」という雑誌に横井小楠論を書いて頭角を現します。ですから、大川周明を調べて本にする過程でも、当然、熊本にこなければなりませんでした。

また植木町（熊本県鹿本〈かもと〉郡の町。田原坂がある）出身で、三島由紀夫の先生という位置づけになる文学者の蓮田善明（広島文理大学卒。成城高校〈現・成城大学〉教授。『文芸文化』を創刊。三島は十六歳のとき同誌に「花ざかりの森」を連載し作家として頭角を現す。敗戦時に陸軍中尉として自決。一九〇四〜一九四五）についても本を書いています（『蓮田善明　日本伝説』、河出書房新社）。

ですから単行本だけでも、熊本にかかわる三人の人物について三冊書いているわけです。

昨年、東北大学で講演したのですが、このときに私の著作目録をつくってくれました。そこには一二二冊の本が並べてありました。ただ、そのなかには文庫本も入っています。昨年から今年にかけても五冊ぐらい本を出しているので、やはり全部で一〇〇冊を超えているぐらいかなと思います。

一〇〇冊というのはたくさんの本とも考えられますが、徳富蘇峰が書いた本は三〇〇冊を超えているのです。実際には何冊かわかりません。

蘇峰は明治の初めから戦後の時代まで、ずっと本を書いてきたわけです。そのなかには『近世日本国民史』という一〇〇冊にも及ぶ本もありますし、口述をまとめた本もたくさんあります。

蘇峰はいままで大ジャーナリスト、言論人として評価をされてきました。けれども私は、本質的な部分は歴史家ではないかと考えています。

日本の伝記文学の三指に入る『吉田松陰』

蘇峰の三〇〇冊を超える本の中から一冊を選べといわれたら、『吉田松陰』だろうと思います。蘇峰は非常に若いときにこの本を書いています。しかし、現在読んでもまったく色褪(あ)せていない。

この本は吉田松陰（一八三〇〜一八五九）の伝記ですが、同時に維新前史です。その時代の大きな流れを歴史過程としてとらえている。全体の歴史の大きな流れのなかで、明治維新を革命だとすると、吉田松陰という人物がその革命を推し進めたことと、革命家としての吉田松陰の人間像を同時に描いている。

明治維新がどのように行なわれたか、どのようにつくられたかということと、吉田松陰という人物がなぜ革命を推し進めるような人物になったのかということを、同時並行して二重構造的にとらえている本です。

私は、『「第三の開国」の時代に』（中央公論社、一九九五）という本を書いています。幕末維新が「第一の開国」の時代、戦争の終わるころから戦後の時代を「第二の開国」の時代、そして、ベルリンの壁が崩されて、冷戦構造が解体したあとの時代を「第三の開国」の時代ととらえています。

その『「第三の開国」の時代に』を書くとき、とくに明治維新をとらえ直す必要があると思って、いろいろな史料を読みあさって『開国・維新』（中央公論社、一九九八）を書きました。そういう過程でこの『吉田松陰』という蘇峰の代表作を読み直しました。

『吉田松陰』は、日本の伝記文学を三つ挙げろといわれると、必ず三つに入る。私はそれぐらい高く評価しています。

国民的意識で書かれた『近世日本国民史』

私は『畏（おそ）るべき昭和天皇』（毎日新聞社、二〇一一年新潮社より文庫として刊）という本を書いたあと、今度は「本の時間」という雑誌に明治天皇を書いてくれといわれています（二〇一〇年、毎日新聞社より『明治天皇という人』として刊行）。

明治天皇については宮内省が出した『明治天皇紀』という全十三巻の、一冊千ページほどの厚い本があります。明治天皇が何月何日に何をしたかというようなことが書いてあり、明快で詳細、そして公的な伝記です。この伝記があるのになぜなおかつ明治天皇を書く必要があるのだろうか、と思わざるをえないような本です。

『明治天皇紀』を材料にして、すでに本を書いている人がいます。

たとえばドナルド・キーン（日本文学研究者。一九二二〜）です。『明治天皇紀』を洗い直して、明治天皇とその時代という感じの本（『明治天皇』〈全四巻〉、『明治天皇を語る』ともに新潮社）を書きました。

明治天皇について書かれたいろんな本をひっくり返して見ていますが、そのなかに徳富蘇峰の『近世日本国民史』があります。幕末の時代から明治がどういうふうにつくられてきたか、大絵巻物といっていいほどの本です。

しかし、蘇峰の『近世日本国民史』は『明治天皇紀』とは明確に視点が違うのです。

たとえば『明治天皇紀』、あるいはドナルド・キーンの本の中には田中河内介（一八一五〜一八六二）という人物は出てきません。「寺田屋騒動」（文久二年、一八六二）で、尊王の志士・田中河内介は斬られてしまうのですが、その場面で『明治天皇紀』には名前が出てきます。

しかし、この人物が何かを果たしたかという記述は出てこない。彼が明治天皇にたいへんな影響力を持っていたことは、『明治天皇紀』では一度も出てきません。

ところが蘇峰の『近世日本国民史』を読むと、この田中河内介の家が維新革命運動の「拠点になっていた」と書かれています。この家が、じつは革命運動の梁山泊、みんなが決意を固める場所だった。

そしてここに、平野国臣（一八二八〜一八六四）、真木和泉（一八一三〜一八六四）、清河八郎（出羽庄内藩郷士の出。幕府の浪士組に入り京都に上ったが尊攘行動のため江戸に戻され幕吏

明治天皇

1852〜1912。名は睦仁（むつひと）。幼名・祐宮（さちのみや）。孝明天皇の第2皇子。生母は中山慶子。慶応3年（1867）1月9日即位。同年12月天皇の名により王政復古の大号令を発す。翌1868年「五箇条の御誓文」を宣布、明治と改元。江戸を東京と改め、遷都。その治世下に廃藩置県・憲法発布・議会召集・教育勅語などの新制が定められ、近代化が進められた。在位期間中、台湾出兵・日清戦争・日露戦争・条約改正・韓国併合などを行ない強力な明治国家を確立、英明をうたわれ「大帝」と称えられた。和歌をよくし、作品は10万首をこえる。（写真：内田九一撮影）

田中河内介
たなか かわちのすけ。1815～1862。幕末の攘夷派の志士。名は堅二郎。但馬国出石の医家に生まれ、京都に学ぶ。公卿中山忠能の侍読（経書・史書を進講）となり、家臣田中家の養子となる。1862 年島津久光の上洛に乗じて尊王の挙兵を画策するも寺田屋騒動で捕らえられ、海路鹿児島へ護送される途中、子・瑳磨介とともに殺害された。（絵図：義烈回天百首より）

平野国臣
ひらの　くにおみ。1828～1864。福岡藩士。通称・次郎。国学に詳しく、28 歳のとき京に上り薩摩藩士らと交遊、尊王攘夷論を唱える。1858 年脱藩して西郷隆盛、清水寺の僧・月照らと交わり、月照の薩摩亡命に尽力。1862 年（文久 2）寺田屋騒動で失敗し投獄される。翌年許されて上京、学習院出仕となったが文久 3 年（1863）8 月 18 日の政変〈公武合体派によるクーデター〉で京都を去り、但馬（兵庫県）で攘夷派公卿・沢宣嘉（さわのぶよし）を奉じて豪農を組織し生野銀山を襲ったが敗れて捕らわれ、翌年禁門の変に際し京都で斬首。

真木和泉
まき　いずみ。1813～1864。本名・保臣（やすおみ）、和泉守と称した。筑後久留米水天宮祀官。江戸に出て安井息軒らと交遊し、水戸学の影響を受ける。京都で中山忠能に仕え、また藩士として久留米藩の藩政改革に従事して失敗、蟄居を命じられ水田天満宮に寄寓。そこを平野国臣・清川八郎らが訪ねる。1862 年脱藩して上洛、長州藩勢力と提携して攘夷政策を推進。寺田屋騒動で幽閉され、その後長州藩に接近。文久 3 年 8 月 18 日の政変で京都を逃れ、翌年長州藩の同志とともに禁門の変をおこし、敗れて天王山で自刃。

に暗殺。一八三〇～一八六三）といった維新の運動家たちが集まって、倒幕を勝ち取るために京都で決起します。

しかし、当時は倒幕までは考えていなかった薩摩の島津久光（一八一七～一八八七）が〝そうさせじ〟と、田中河内介らが集結していた伏見寺田屋を襲って（四月二十三日）、有馬新七（薩摩藩の尊攘派志士。もと郷士出身。倒幕の急先鋒。一八二五～一八六二）らの薩摩藩士を惨殺してしまう。

このとき、田中河内介は斬られていません。

ただ、薩摩に行く船に乗せ、手足をがんじがらめにして、なます切りにして小豆島近くの海に投げ込みます。田中河内介親子、そして同志の五人全員を殺しました。河内介親子の死体は小豆島に流れ着いて、そこにはいま神社が建っています。

それ以来、薩摩の人たちは船に乗って大阪・京都に行くために瀬戸内海の小豆島沖を通るとき、みんな押し黙って目を伏せてしまう。それくらい薩摩藩の尊攘運動の歴史にとって汚点になっている事件です。

田中河内介は明治天皇を語る場合、絶対に忘れてはいけない人物です。

なぜかというと、明治天皇は中山慶子（一八三六～一九〇七）という、中山家の権大納言中山忠能（明治天皇の外祖父。公武合体運動に加わり岩倉具視らと和宮降嫁に尽力。のち倒幕派となり討幕の密勅案を奏上。一八〇九～一八八八）の娘を側室として生まれた子です。その明治天皇が

中山慶子
なかやま よしこ。1836 ～ 1907 年。明治天皇の生母。孝明天皇の側室。権大納言・中山忠能（1809 ～ 1888）の次女として京都に生まれる。17 歳のとき典侍御雇となり宮中に出仕。孝明天皇の意を得て懐妊、中山邸において皇子祐宮（さちのみや、のちの明治天皇）を出産（1852 年 11 月 3 日）。1860 年勅令により祐宮は准后女御・九条夙子の「実子」とされ、親王宣下を受け「睦仁」（むつひと）と名付けられた。大正天皇の養育掛も務めた。

島津久光
しまづ　ひさみつ。1817 ～ 1887。幼名・三郎。薩摩藩主斉彬（なりあきら）の異母兄弟。斉彬の死後、藩主・忠義の実父として藩政を掌握、公武の間を奔走・周旋し国事に活躍。文久 2 年藩兵を率いて上洛、幕政改革を朝廷に建白。寺田屋事件で尊攘派志士を弾圧した。一方、勅使・大原重徳を擁して江戸に赴いて幕政改革を幕府に迫り、朝廷・幕府の妥協による公武合体を主張した。文久 3 年 8 月 18 日の政変で長州尊攘派が京都から追放されたあと朝廷で重んじられ、一橋慶喜らと幕政・朝政に参与として活躍したが、西郷・大久保らの指導権の強まるなか隠退。維新後、征韓論での分裂を抑えるため一時左大臣となったが間もなく辞任、鹿児島に隠棲した。（写真：国立国会図書館）

【寺田屋騒動】

寺田屋事件とも。文久 2 年（1862）4 月 23 日、倒幕の急先鋒だった薩摩藩士有馬新七・田中謙助らが藩主の父・島津久光の入京を機に、同じく尊攘派志士真木和泉・田中河内介らと共謀して公武合体派の関白・九条尚忠、京都所司代・酒井忠義の殺害を企て伏見の船宿寺田屋で会合、それを知った久光（公武合体派の中心人物）は鎮撫のため大山綱良・奈良原繁ら計 9 名を派遣、新七らに藩邸への同行を求めるも拒否され“同士討ち”の斬りあいとなった。討手 1 人と有馬新七ら 6 名が死亡、2 名（田中謙助・森山新五左衛門）が重傷を負った。そのとき 2 階には大山巌・西郷従道ら多数の尊王派がいたが、大山綱良らの必死の説得により投降。負傷者 2 名は切腹、尊王派の諸藩浪士は諸藩に引き渡された。引き取り手のない田中河内介らは薩摩藩に引き取ると称して船に連れ込み斬殺、海へ投げ捨てられた。斬った柴山矢吉はのちに発狂したという。この事件によって朝廷の久光への信望は大いに高まり公武合体へと進展するが、やがて西郷隆盛・大久保利通らによって薩摩藩は討幕へと方針を転換する。

生まれるときに、男の子として生まれてくるように祈願をした人物が、中山家の家来だった田中河内介なのです。

そして明治天皇が生まれたあとは、毎日、背中におんぶして京都の町中を散歩しました。子守唄の代わりに孝経（経書）を諳じて、儒学の思想を埋め込みました。明治天皇は田中河内介の背中で子守唄を聞いて育ったのです。

田中河内介は明治天皇が生まれる前から寺田屋騒動の一年前まで、中山家に十八年間にわたりつとめています。当然、『明治天皇紀』には田中河内介の名前が出てきていいはずなのに、寺田屋騒動のとき以外、一度も出てこない。

ところが、蘇峰の『近世日本国民史』には、田中河内介の家で尊王攘夷運動をする人々の集会がもたれていたことが出てきます。ここが拠点だったと明確に書かれている。志士だけでなく、浪士も含めてみんな藩を超えて横でつながり、明治維新がなされた。だから明治国家の歴史ではなく、『近世日本国民史』というタイトルになっています。

国民（ネイション）がつくった近代史という意識がなければ、田中河内介という、現在では忘れられた、『明治天皇紀』にも出てこないような人物を取り上げるという発想、視点は出てこないでしょう。

明治維新がどのようにつくられたかという、明確な国民的視点が『近世日本国民史』には出ているといえるでしょう。

明治維新の子

だからといって、私が徳富蘇峰の歴史観、あるいは人物観にすべて承服しているわけではありません。ただ、蘇峰がどういう人物を取り上げているのか、どのような人物評価をしているかということは、その時代の歴史、つまり幕末から明治のころの歴史を考えるためには、必ず目を通しておかなければならないと思います。

たとえば、嘉永六年（一八五三）、ペリーが日本に来たとき、阿部正弘（一八一九〜一八五七）という人物が首相役の老中首座にありました。この阿部正弘について蘇峰は、

「どちらかというと瓢箪鯰のような男であって、ぜんぜん自分で決断を下さない。政治家とすればヤワな人物である」

と評価を下しています。

私は必ずしもそうではないと考えます。人物評価も含めて、政治的判断の仕方として、見事だったところがあります。

日本にペリーが来る十三年前に「アヘン戦争」（一八四〇〜四二）が起きます。

そのとき、幕府のなかに「もしかしたら日本でもアヘン戦争のようなものが起こるかもしれない。アヘン戦争が起こったことで、日本も西洋列強に対する構えをしておかなければならない。そして日本の中を変革しておかなければならない。その変革をする具体的な

方法として、明確な判断力と方針を持って政治力を発揮できる人物を育成しておかなければならない」という考えが出てくるのです。

そのために阿部正弘という、数え年二十三歳の福山藩主が、幕閣すなわち内閣に登用されます。その十二年後にペリーが来ます。ペリーが来たとき、阿部正弘はまだ三十代の半ばですが、首相役になっていました。

ですから、十何年の間に、アヘン戦争のようなもの、あるいはペリー来航のような事件、西洋列強が東洋に進出してくるような歴史的・世界史的な変動があることを、すでにある程度考えていたのです。

そういった大変動に対応できるような「人材を育成しておかなければならない」という考えに立って、阿部正弘は老中に抜擢されたわけです。そしてペリー来航の直前に老中首座、首相役に就任します。

そのときには、勝海舟（旧幕府側を恭順に導き江戸無血開城を実現。一八二三～一八九九）、川路聖謨（日露和親条約を締結するなど海防・外交に活躍。一八〇一～一八六八）、佐久間象山（蘭学・砲術に通じ、海防の急務を主張。一八一一～一八六四）といった人物が政治的に大きな影響力を持つ人物になっています。

阿部正弘の方針によって、こういう人材が登用されている。

江戸時代は、「家老の子は家老」「馬廻りの子は馬廻り」、すなわち「蛙の子は蛙」という門閥制度でありました。ところがもうそういう時代ではない。「非常の時」が訪れ始めている。欧米列強がいつ来るかわからない。

清国はその当時、三億の人口でした。その三億の人口の国が、わずか人口一千万人のイギリスに、アヘン戦争で負けてしまうのです。その大国が負けてしまうようなときであるから、「非常の時」なのです。だから、門閥制度で家を継いだだけの人ではない、「非常の才」を持った人物を登用していかなければならないという考え方になります。

当時の幕府も若い阿部正弘を登用し、それなりに政治をしていた、というのが私の考えです。

けれども、蘇峰はそうは考えなかったようです。

それは蘇峰が「明治の人」だからでしょう。あるいは「明治維新の子ども」だからです。明治という時代が、いかにすごい時代であるか。革命の時代であるか。優れた時代であるか。明治天皇はいかに偉大な君主であったか——。

蘇峰にいわせれば、明治天皇は「聖天子」であり、あるいは「明治大帝」、もしくはそれにまた「陛下（へいか）」を付けるような偉大な人物でした。それにくらべると、蘇峰の昭和天皇についての評価は、「何を考えているかわからない」とかなり低い。

蘇峰は文久三年（一八六三）の生まれですが、明治とともに育ち、明治という時代を率いた「明治の子」で、ジャーナリストでした。

対米英戦争に賛同したリアリスト

ジャーナリスト、新聞人はある性格があって、必ず時代に引きずられていく側面があります。どちらの国が大きいかを常に目に入れておかなければならない。政治的な選択をする場合、何が正しいかではありません。正しいといっても戦争に負けてはだめだ、あるいは政治に負けてはだめだという考え方です。新聞人はリアリストでないといけないわけです。

文学者はそういう意味でいうと、何が勝つか負けるかは関係ない。自分が正しいと思うか、あるいは美しいと思うか、それを守っていこうとするのが文学者であったり、芸術家であったりします。視点がまるで違っている。

ひるがえっていうと、新聞人は強さが時どきに変わってゆくから「時代に流される」という弊害を持っています。つまり、新聞人は世の中を見てしまうわけです。

リアリストですから、世の中がどう動いているかを明確に見ていない限りにおいて、新聞人であるとはいえないのです。明確に時代の動きを見て、それだったら必ずどちらが勝つとか、どちらのほうに従っていなければならないとか、明確な現代的視点を持っていなければならない。

新聞人と文学者は、ある意味ではリアリストとロマンチストの立場によく似ています。

ロマンチストは美しいものを見ようと思ったら、あるいは物事の本質を知ろうと思ったら目をつぶれ。現実を見てしまったら、どんなに美しいといわれている人もアバタがあるかもしれない、シミがあるかもしれない。だから、本当の美しさを知ろうと思ったら目をつぶれ――。物事の本質を知ろうと思ったら、現実の騒がしい動きに目をとらわれてはいけない、「目をつぶれ」という考え方がロマンチストです。

ところが、リアリストは現実をあるがままに見ようとします。あるがままに見ようとする人はいいところもありますが、現実にとらわれ過ぎてしまい、現実に流されてしまう弊害もあります。

蘇峰は新聞人であり、リアリストとして時代に流されたという側面も場合によっては出てきます。たとえば第二次世界大戦（一九四一～一九四五）が始まったとき、というか日本が対米英戦争を始めたとき、蘇峰はこれを「聖戦」とする大本営発表をそのまま解説するような文章を書いています。「対米英戦争は当然」というような見方をし、大賛成する。それどころか大日本言論報国会（一九四二創立）の会長になり、世俗的な権力を手に納めるわけです。その結果として、あの戦争に同意し、そしてそれを鼓吹する役割をしている。

蘇峰は、博多出身のアジア主義者の中野正剛（一八八六～一九四三）と戦争が始まったときに対談しています。そのとき蘇峰は、

「日本はいままで欧米列強に一方的にやられていた。この西洋支配からアジアを解放する

ために戦争を始めたのだ」

と解説をしています。要するに、戦争の現実に流された言論になっている。

そういう意味でいくと、やはりリアリストは時代に流される宿命があります。

しかし、蘇峰にはその側面だけでなくて、ブレない思想軸もありました。歴史家、それも在野史学の本質を持っていました。

佐久間象山と横井小楠

私は佐久間象山が大好きで、評伝（『評伝 佐久間象山』〈上下〉、中央公論社）を書いています。熊本の横井小楠（よこいしょうなん）（一八〇九〜一八六九）については書いていませんが、いずれ書くかもしれません。

横井小楠と佐久間象山は幕末の予言的な思想家です。つまり、時代がどう動き始めるかを察知する。

佐久間象山はオランダ語が読めますから、西洋文献を読み、ヨーロッパがどういうことを考えているか、西洋文明のすごさは何なのかをとらえる。だから日本も西洋のように改革しなければならない――。そう象山は考えます。

「東洋道徳、西洋芸術、匡郭（きょうかく）（版木の枠）あり依りて圏模（けんぼ）（円形の型）を完うす（まっとうす）」

つまり、開国をして西洋芸術を手に入れなければならない。

この場合の芸術とは、学術も入りますし、技術も入ります。開国をして、西洋芸術つまり西洋文明の術をすべて手に入れて、西洋に負けないような国づくりをしていかなければならない、というのが佐久間象山です。

一方、横井小楠は西洋語が読めない。ところが人から聞いた話だけで、世の中の動きをすべて手に取るようにわかってしまう。

横井小楠の友人であり、佐久間象山の弟子、そして義理の兄でもある勝海舟は、佐久間象山のことをあまりよくいわない。「あいつは大風呂敷だ」といっています。

たしかに、予言的な思想家は必ず大風呂敷に見えるわけです。誰もまだ西洋を見ていないわけですから、ヨーロッパの文明や制度、そしてアジアのほうに進出してきた理由は何なのかといっても、その時代の人は百人のうち百人が知らないわけですから、それをいってみせるのは予言的考察になるわけです。

「やはりおれの言ったとおりだろう」

と、あとになってわかるわけですから、それを初めに聞いた人にとっては大風呂敷にしか聞こえません。

ところが、勝海舟は横井小楠については非常に高く評価しています。

「おれは、今までに天下でおそろしいものを二人見た」

その二人とは、一人は思想の高調子を掲げ、それに邁進している思想家の横井小楠。もう一人は、政治的な実行力を持った西郷隆盛（一八二七～一八七七）です。

「この二人が手を握ったら、必ず幕府は倒れる」

――幕臣である勝海舟がそういうふうに見ていたということは、海舟も予言的な思想家の一面があるといえます。

横井小楠の思想の受け手であった越前福井藩の由利公正（一八二九～一九〇九）は「五箇条の御誓文」を書きました。日本の国づくりをどうしたらいいか、「船中八策」（公議政体論）を語った坂本龍馬（一八三五～一八六七）も横井小楠の弟子です。

あるいは明治国家の憲法（大日本帝国憲法）をつくったのは井上毅（一八四四～一八九五）です。井上毅も横井小楠の弟子です。「教育勅語」をつくったのも一人選べば、元田永孚（一八一八～一八九一）でしょう。この人も横井小楠の実学党です。

明治以降の「五箇条の御誓文」にしろ、「明治憲法」にしろ、「教育勅語」にしろ、ほとんど全部が横井小楠の思想によって成り立っているといっても過言ではないわけです。

横井小楠が書いた有名な「国是三論」に、日本の国がこれからどういう国づくりをしたらいいのか、国の方針を三つ挙げています。一つは「富国」。もう一つは「強兵」、これはまさに明治国家の基本路線です。そして「士道」です。

「士道」というと、新渡戸稲造の「武士道」を思い浮かべますが、横井小楠はちょっと違います。武士として守るべき道徳は何か、侍であるためには何を見失ってはいけないか。

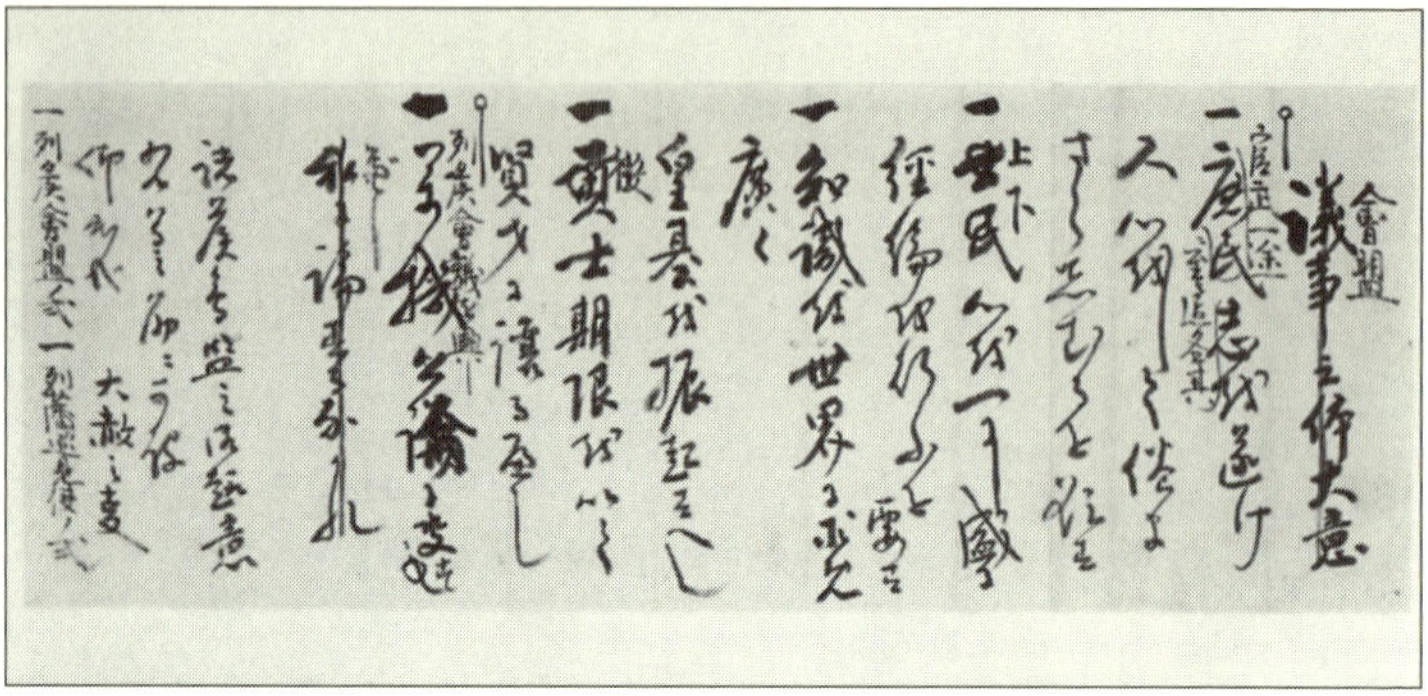

会盟
議事之体大意
一 庶民志を遂け人心をして倦まさらしむるを欲す
一 士民心を一にして盛に経綸を行ふを要す
一 知識を世界に求め広く皇基を振起すへし
一 貢士期限を以て賢才に譲るへし
一 万機公論に決し私に論するなかれ
諸侯会盟之御趣意右等之筋に可被仰出歟 大赦之事
一 列侯会盟式 一 列藩巡見使ノ式

由利公正筆「議事之体大意」（五箇条の御誓文の原型）
（福井県立図書館所蔵）

由利公正
ゆり きみまさ。1829～1909。前名・三岡八郎。福井藩士。横井小楠の教えを受け、橋本左内らと国事に奔走。藩主松平慶永（春嶽）に重用され、藩の財政改革・物産振興に手腕を発揮。その資金で勝海舟、坂本龍馬らを援助した。維新後新政府の財政・金融政策を担当、建議して太政官札を発行。「五箇条の御誓文」の起草に参画。1871 年東京 都知事。1872 年岩倉具視らと欧米を視察。民撰議院設立建白に連署。元老院議官、貴族 院議員を歴任。（写真：国立国会図書館所蔵）

元田永孚
もとだ ながざね。1818 ～ 1891。号は東野（とうや）。熊本藩士の家に生まれ、藩校の時習館で横井小楠に師事、実学党の結成に参加。1871 年大久保利通の推挙により宮内省に出仕、以後 20 年にわたり明治天皇の側近として儒学を講じる。天皇の命をうけて「教学聖旨」「幼学綱要」を編纂。明治政府の欧米流教育政策を変換させ、儒教主義的国民教化に努めた。「教育勅語」の起草を作成し、天皇制国家の思想的基礎を固めた。（写真：国立国会図書館所蔵）

それは義であり、勇である。それが新渡戸稲造の武士道です。

横井小楠の「士道」は、そういう信条的なもの、あるいはモラルの問題ではありません。武士が正しい政治をやることです。

横井小楠は実学党といわれます。

実学とは算盤（そろばん）とか数学とか、あるいは物理学とか、そういう実利的な学問ととられがちですが、そうではない。役に立つ、実利のあるものを勉強しようということとは違います。施政者が「正しい政治」とは何かを極め、そしてそれを実践して、正しい政治をやっていく――。それが「士道」であるという考え方です。現実の政治に民を済（すく）うことに生かしていかなければならないということです。

象山の理想像はナポレオンとピョートル、小楠はワシントンにあり

徳富蘇峰の『吉田松陰』という本の中には、私が予言的な思想家と呼んでいる佐久間象山と横井小楠を説明しているところがあります。わずか一ページにも満たないものですが、彼らの共通点と違いを短い文章で明確にしています。

「人あるいは佐久間、横井を併称す。……横井の理想的人物は華盛東（ワシントン）にあり、佐久間の理想的人物は彼得（ペートル）にあり、奈破翁（ナポレオン）にあり」

ここに名前が挙がった三人は、明治時代の理想的英雄というふうにとらえられます。

ジョージ・ワシントンはアメリカを独立させ、正しい政治をやりました。ペートル（ピョートル）は、みずからオランダ、イギリスに留学して、西欧の造船術や砲術などの技術・文化を取り入れて富国強兵につとめ、ロシアを西欧列強に対抗する基礎をつくりました。ナポレオンは法典の編纂をはじめ、フランスの近代化に尽くしました。

そのような比較で、蘇峰は見事に佐久間象山と横井小楠の二人の予言的思想家像を浮かび上がらせています。

余談ですが、土佐の林有造（自由党・政友会の領袖。一八四二〜一九二一）は息子が生まれたとき、子供にジョージと名前を付けました。それが林譲治（一八八九〜一九六〇）、戦後の衆議院議長です。

また、次のような文章も出てきます。

「横井の胸襟は光風の如く、佐久間の頭脳は精鉄の如し。横井が理想は『大義を四海に布くのみ』。佐久間の理想は『五州を巻きて皇国に帰し、皇国を五州の宗たらしむる』にあり」

――この一節を読んだだけでも、蘇峰の人物把握がすごいことがわかります。

予言的な思想家という言葉こそ使ってありませんが、それにほぼ近いことをいっています。こういう人物が予言的思想家として、明治維新をつくり上げていったのです。

予言的な思想家が出ると、その思想を必ず実現しようと思う者が出てきます。時代の変革をしようという行動的な志士が、「おれがやる」と出てくる。「海援隊」をつくって坂本龍馬が乗り出してくる。あるいは「奇兵隊」をつくって長州を革命の藩にしていく高杉晋作（一八三九〜一八六七）が出てくる。

その先生である吉田松陰は、その国体論＝革命思想によって見事に革命を起こしていきます。「革命家」としての松陰です。

そういう行動的な志士が現れる。

吉田松陰の先生は佐久間象山であり、横井小楠であると蘇峰は明確にとらえています。幕末維新の志士たちの先生は、横井小楠か佐久間象山、場合によっては二人が先生なのです。

その行動的な志士のあとには、必ず三番目に「おれがもう後戻りしないようにやる」という政治的な人物が現れる。これが西郷隆盛（一八二七〜一八七七）とか木戸孝允（一八三三〜一八七七）です。

『吉田松陰』を書いた蘇峰はというと、この三つの種類の人物に入りません。入らないのではなくて、時代にもう遅れている。幕末維新の尊王攘夷運動からは取り残されている。しかし、この人物たちの像を描くことによって、日本の革命がいかに行なわれたかを見事に書いているわけです。

そういう意味でいうと、徳富蘇峰は歴史を書き残す人、明確に在野の歴史家です。

兄（蘇峰）は現実に流されている

『吉田松陰』という本が書かれたのは明治二十五年（一八九二）です。憲法制定によって「第一の開国＝革命」が終了した時期に書かれています。

しかし、明治の終わりには大逆事件（明治四十三年、〈一九一〇〉明治天皇暗殺計画容疑で多数の社会主義者が逮捕・処刑）が起こります。「革命」という言葉が嫌われる時代になるわけです。

そのころ、徳富蘇峰は桂太郎の伝記を書くことによって、現実の政治とかかわり、政治に非常に大きな力を発揮することになります。

このころから蘇峰は「革命」という言葉を使いたがらなくなります。明治の終わりに出た『吉田松陰』の改訂版では、「革命」はすべて「変革」という言葉に改変されています。現在の文庫本は元に戻され、「革命」になっています。

おそらく、そういうところに弟の蘆花（一八六八～一九二七）からすれば、

「兄貴は現実を見るために、現実に流されている」

という批判の意思があっただろうと思います。

兄弟の関係は思想の関係だけでなくて、兄と弟、家を守っていく家長としての蘇峰の生き方、そうではなくて甘えん坊で、ひがみぽかった蘆花の生き方――。そういう人格の違いもありました。

現実政治にかかわらない文学者としての蘆花のほうが、あまりブレない。

それを証左する有名な一高での講演があります。

「わたしは今日、吉田松陰の墓の前をとおり、この一高にきた。吉田松陰は安政の大獄で斬られる。時の政府に反逆した国賊、罪人といわれた。ところが明治維新ができあがってみれば、明治維新をつくった人、明治維新の恩人、革命家であると、大きく評価が変わったじゃないか。だから、社会主義者が国家に危険だからといって、それを処分してしまう、死刑にしてしまうのはちょっと考えたほうがいい。時代によって、正しさの規準というのは変わる側面があるのだ」

と、大逆事件での幸徳秋水（一八七一～一九一一）らの死刑を批判した演説をします。

当時の一高の校長は新渡戸稲造です。

その講演が現実政治の批判をする刺激的な内容だっただけに、蘆花は罪に問われないの

徳富蘆花
とくとみ　ろか。1868～1927。本名・健次郎。熊本の生まれ。小説家。横井小楠門下の俊英であった徳富一敬を父に、徳富蘇峰を兄とする。同志社に学び、キリスト教思想に影響を受け1885年受洗。蘇峰の民友社に入り、「国民之友」「国民新聞」に執筆。1898年長編小説『不如帰』（ほととぎす）を連載、単行本は明治のベストセラーとなる。続いて『思出の記』、随筆『自然と人生』を発表、名声を得たが蘇峰とは次第に不仲となり『告別の辞』を発表して絶縁状態となった（のち死の直前に和解）。トルストイに傾倒、1906年ロシアを訪れ、帰国後は宗教的生活に沈潜した。（写真：国立国会図書館所蔵）

ですが、新渡戸稲造はその演説を許したということで譴責処分を受けます。蘆花からすれば、革命を起こしたことで評価していた吉田松陰に対して「革命」という言葉を削ってしまうのは、兄・蘇峰の「変節」ではないか、あるいは「転向」ではないかという批判が出てくるわけです。

蘇峰に流れる横井小楠の人脈

しかし、単純にそうとらえられない側面もあります。

京都の同志社若王子墓地に、同志社をつくった恩人たちの墓がいちばん頂上にあります。そこには新島襄（一八七五年同志社英学校を創立。一八四三〜一八九〇）と奥さんの八重（一八四五〜一九三二）の墓があります。八重は会津の山本覚馬（のち京都府顧問。同志社臨時総長を務めた。一八二八〜一八九二）の妹です。

山本覚馬も佐久間象山の弟子です。八重は戊辰戦争で城に立てこもり（城壁に「あすよりは　いづこの誰かながむらむ　なれし大城に残す月影」を残す）、スナイドル銃で板垣退助を狙っていたという女丈夫です。

山本覚馬のとなりには覚馬の娘である山本久栄（一八七〇〜一八九三）の墓も建っています。そして蘇峰の墓があります。初期の同志社をつくった人たちが、ひとつの墓地の中で肩を並べている。そこには蘆花は出てこない。

蘆花に対して、私はすごく批判したことがあります。

蘆花は同志社で山本久栄と恋愛をします。しかし蘆花は婚約を破棄し、去っていきます。私は「蘆花が・棄てた・女」というふうにとらえて、そのタイトルで文章を書きました。

これもとらえ方がなかなか難しく、じつは蘆花は結婚しようと思っていたが、兄の蘇峰が反対したという説もあります。山本覚馬の家のほうはみな、その結婚に賛成していたが、横井時雄（妻は覚馬の娘みね。一八五七〜一九二七）が猛烈な反対をする。

結果として、まだ蘆花と久栄は十九歳と十六歳の少年少女ですから、結婚すると約束しても、どうやって食っていくのかといわれれば、泣く泣く諦めなければならなかったでしょう。

横井時雄は横井小楠の息子ですが、彼はクリスチャンで牧師になります。

東京の本郷教会で横井時雄が牧師をしているときに、蘇峰がその教会で講演した話をも

幸徳秋水
こうとく　しゅうすい。1871～1911。本名・伝次郎。高知県生まれ。林有造の書生となり、英学館に学ぶ。中江兆民に師事、唯物論を学ぶ。『万朝報』の記者として活躍。1901年安倍磯夫・片山潜らと日本社会民主党を結成。日露戦争では非戦を主張、開戦するや『平民新聞』を創刊して反戦論を展開、また『共産党宣言』を初めて邦訳掲載した。のち渡米しアナーキズムに傾き、帰国後直接行動論を唱えた。1910年「大逆事件」の指導者として逮捕され、翌年刑死（宮下太吉・管野スガら12名も処刑）。著書に『平民主義』『社会主義神髄』など。（写真：shusui.com）

横井時雄

よこい　ときお。1857～1927。横井小楠の長男。熊本洋学校に学び、熊本バンドの結成に参加。開成学校・同志社英学校（第1期生）に学ぶ。卒業後、四国・今治、東京・本郷で伝道。かたわら『基督教新聞』などの編集に携わり、内村鑑三を支援した。イェール大学に留学し哲学・史学を学び、1897年同志社第3代社長（校長）となる。その後政界に転じ、逓信省官房長・衆議院議員などを務め、また『東京日日新聞』の主幹も務めた。1919年、パリ会議に出席。別府で没。父・小楠はその開明的な言動によって保守派からキリスト教崇拝の嫌疑をかけられ暗殺されたが、遺族は必死の弁明にもかかわらず息子・時雄が入信したため、母は「おまえがキリスト教をやめないかぎり、わたしは生きてこの世におることはできません。地下の父上に身をもっておわびするほかありません」といって自刃をいとわぬ覚悟で棄教を迫ったが、時雄はそれを入れず信仰に生きたという。「正直と愛国と信仰、この3つが君の特性でありました」との批評がある。（写真：www.geocities.jp/tnk_ab/hp11.html）

横井小楠

よこい しょうなん。1809～1869。私塾「小楠堂」を開いて実践的朱子学グループ「実学党」の中心となり、徳富蘇峰の父一敬ら多くの門弟を輩出。1869年正月、朝廷よりの帰途、路上で保守派の刺客により暗殺。（写真：国立国会図書館蔵）

新島襄・八重夫妻

（写真：新島襄と同志社女学校より www.dwc.doshisha.ac.jp）

とにして本になったのが『吉田松陰』です。まず雑誌に載り、それから単行本になりました。分量は増えていますが、基本的には横井時雄の教会で講演したものです。

蘇峰の父（徳富一敬。横井小楠の塾生第一号）も実学党の中心人物の一人ですし、肥後人脈というか、蘇峰には小楠の思想水脈が流れています。『吉田松陰』で蘇峰は、吉田松陰を行動的な志士として描き、しかもそのなかで佐久間象山、横井小楠の人物像を見事に描いています。三十歳の青年の書とは思えないほどの文章の力、教養の広さがあります。そしてまた、明確な歴史観、人物像がとらえられている。

蘇峰の偉大さが世の中からだんだん捨て去られていっても、『吉田松陰』という本だけは必ず残ると思います。

（二〇〇七年三月八日、「徳富蘇峰没後五十周年記念シンポジウム」講演に加筆）

日本近代史と熊本

荒木精之

荒木精之 あらき せいし
（一九〇七～一九八一）

熊本県阿蘇郡長陽村の生まれ。小説家、歴史家。1928年日本大学法文学部史学科に進学し、石川達三、中山義秀らと交流、小説家を志す。1938年熊本で月刊文芸誌『日本談義』を創刊。神風連の研究で知られ、その墓探しなど、郷土の歴史・伝統の研究に尽力。生涯地方にあり、地方文化を愛しつづけた。三島由紀夫との付き合いもあり、事件の4年前（1966）の8月に、遺作となった『豊饒の海』の第2部『奔馬』で神風連を描くため荒木精之の自宅を訪れ、ゆかりの神社や墓地を巡っている。三島は「神風連は小生の精神史に一つの変革をもたらしたやうであります」との書簡を荒木に宛てている。また三島の自決後、荒木は『日本談義』に追悼文を寄せ「このやうに打てば響くといった人に逢ったことはない」と記している。
（写真：熊本近代文学館所蔵）

『日本談義』を創刊

私は熊本にはたぶん十回ほど来ていると思います。熊本出身の知り合いもたくさんあり、自分としてはなつかしい土地であります。

それは歴史的に因縁の深い土地という意味でありまして、私のなかでは熊本と会津、それから長岡というところは日本近代史を考えるうえで非常に大切な、重層的な文化を持った、あるいは多様な人物を輩出しているところであると思っております。

私は荒木精之さんには一度もお会いしたことがないのですが、私の知識のなかではかなり親しい人と考えてきました。

去年、私は『評伝　佐久間象山』（中央公論新社、二〇〇〇）という本を書きました。佐久間象山を暗殺した中心人物は河上彦斎（一八三四〜一八七一）という肥後勤王党の中心人物です。

荒木精之さんは『河上彦斎』という定本的な伝記を書かれた方でありまして、私にとっては三十年くらい前から自分の中に親しく住みついて、今度の『佐久間象山』を書く場合にも、改めて読み直したということがあります。

それから、二十年近く前に熊本に来たときに、たまたま本屋さんに行きましたら『うつそみの一束』という『日本談義』の巻頭言を集めた本が出ておりまして、これを見つけて買いました。

そして今回、改めて読み直しまして、そのなかから講演でもお話しようと思っている人物を挙げていきましたら、キリがなく出てきてしまいました。

「熊本の近代史」ということでも、荒木精之さんという人物との関わりでもそうなのです。それに日本の近代史、近代文学史のなかで欠け落としてはいけないような、そういうキー・パースンが次々と思い浮かんできました。

時代を動かす三種の才

私は去年、『日本の近代』第一巻の『開国・維新』を書きましたが、そのときに横井小楠（一八〇九〜一八六九）のことを取り上げました。

横井小楠と佐久間象山は、日本近代史のなかでは第一の開国思想家であり、この二人がいなかったら日本の近代というものは拓けなかったであろうと思われるくらいに革命的な、つまり明治維新を興すにあたっての予言的な思想家でした。

「時代が変わるときには三種類の非常の才が現れる」

――というのが、私の歴史に対する見方でありますけれども、その三種類の「非常の才」といいますのは、まず「予言的な思想家」が現れてきます。そういう予言的な思想家が現れてこなければ、時代は動きません。

その代表的な人物が、佐久間象山と横井小楠の二人であるということです。

この人物の常ならざる才能というものは、じつは意外によく知られていません。「明治維新を興したのは誰か」と聞くと、たとえば木戸孝允、あるいは大久保利通とか坂本龍馬といわれるわけですけれども、そういった人物が出てくるためには、まず予言的な思想家が出てこなければなりません。

思想家が出てきたあとに初めてそれを行なう二番目のタイプ、「志士的な行動者」が現れてきます。たとえば、高杉晋作、吉田松陰、坂本龍馬などが現れてくるわけです。熊本では宮部鼎蔵（一八二〇～一八六四）でしょう。

そして、その次に第三番目のタイプ、「政治的な人間」が出てくるわけです。

たとえば、木戸孝允、大久保利通、西郷隆盛、あるいは勝海舟という、政治を行なってその責任を取る人間が出てきます。熊本でいえば井上毅（法制官僚として大日本帝国憲法・皇

河上彦斎

かわかみ　げんさい。1834～1871。熊本藩士。30歳のとき宮部鼎蔵らとともに親兵選抜で幹部に推される。のち高杉晋作ら長州藩改革派と結び、文久3年（1863）8月18日の政変後長州へ移り、三条実美の警護を務める。1864年7月11日、尊攘派の仲間とともに佐久間象山を白昼に刺殺、「人斬り彦斎」と呼ばれた。1866年（慶応2）の第2次長州征討の際は長州軍に参加。1867年帰藩するも熊本藩は佐幕派が実権を握っていたため投獄され、大政奉還・王政復古の大号令・鳥羽伏見の戦いを見ることなく1868年2月に出獄。維新後、高田源兵衛と改名。1871年（明治4）、長州藩脱隊騒動の隊士をかくまった嫌疑をかけられ熊本藩に逮捕、東京で裁判に付され、反逆罪で斬首された。

室典範・教育勅語などを起草。一八四四〜一八九五）でしょう。

時代の変革期にはこの三つのタイプの「非常の才」が必ず必要になるわけです。

もちろん、横井小楠という人は熊本の出身であります。

一方の佐久間象山という人は信州の松代の出身ではありますけれども、最後には肥後勤王党の河上彦斎によって暗殺をされるということですから、そういう意味では日本近代の始まりの表と裏の双方に熊本が関わっているといってもよいだろうと思います。

熊本の人は郷土への愛着が強い

信州・長野県人というのはおもしろい気質がありまして、「日本の中心は信州である」と思っているふしがあります。しかし、私の考えるところでは、どうも肥後・熊本の人も「熊本が日本の中心である」と思っている気配がある。私など、群馬県人が関東の外れと思うのとずいぶん違います。ひるがえっていうと、それくらい自分の風土というもの、郷里というものに愛着を持っている。そういう愛着の情が非常に強い土地だろうと思います。谷川健一（一九二一〜）さんにしても、安永蕗子（一九二〇〜）さんにしても、郷土のことは影の部分も含めてぜんぶ愛おしくてしょうがないようです。

私は、安永蕗子さんや熊本近代文学館の館長をしておられた永畑道子（女性史家、作家。熊本市生まれ。安永蕗子の妹。一九三〇〜）さんのお父さんである安永信一郎（歌誌『椎の木』を主宰。一八九二〜一九九一）さんと、この『日本談義』の荒木精之さんが知り合いだということを思ってもみませんでした。

東京に住んでいますと、まったく一生会わない人もいるわけですから、同一グループにいないとあまり親しくないだろうという考え方をしてしまいます。

しかし、熊本という文化圏のなかにおいては、荒木精之さんと安永信一郎さんというのは、これは当然、非常に近い位置にあったということを、改めてこの『うつそみの一束』を読んで感じました。というのも、冒頭近くに「安永さん歌碑」とか「安永信一郎さんのこと」といった『日本談義』の巻頭言が掲載されていたからです。

熊本の文化を今日に伝えてくれている人

荒木精之さんという人はいかなる人物であるのか――。

三島由紀夫さんとの付き合いから、「右翼だ」という人もいるでしょう。あるいは、「か

谷川健一
たにがわ　けんいち。1921〜。民俗学者・地名学者。熊本県水俣生まれ。東京大学卒。『太陽』（平凡社）初代編集長。のち執筆活動に入り、1966年『最後の攘夷党』で直木賞候補。1970年代には民俗事象と文献資料に独自の分析を加え、日本人の精神的基層を研究するうえでの「地名」の重要性を指摘。神奈川県川崎市に「日本地名研究所」を設立、所長に就任、現在に至る（2008年神奈川県文化賞を受賞）。『日本庶民生活史料集成・全20巻』（共編、1973）で毎日出版文化賞、『日本民俗文化体系・全14巻』（共編、1986）で毎日出版文化賞特別賞、『南島文学発生論』（1991）で芸術選奨文部大臣賞を受賞。2007年文化功労者。詩人・谷川雁の兄。

なりリベラルな考え方を持っている」とおっしゃる人もいるだろうと思います。「いや、保守的な人だよ。書いていることをみれば、文化とか伝統ということを非常に強調しているではないか」といわれる方もいるだろうと思います。

しかし、私の見るところでは、荒木精之さんは「熊本という文化を今日に伝えてくれている人」だと思います。

生命的なシステムを伝える遺伝子を、「ＤＮＡ」（デオキシリボ核酸）といいます。ただ、最近の学問ではＤＮＡだけで人間はとらえることができないと考えられています。たしかにＤＮＡによって人間の生命的なシステムは伝えられます。

しかし、私は日本語を話しています。日本語をしゃべっているということは、その日本の文化、その土地の伝統の遺伝子を受け継いでいくのです。もちろん、われわれがアメリカに生まれていれば英語を話しているでしょう。しかし、熊本で生まれていれば熊本弁を話しています。

最近では、「ＤＮＡ」という生命的な遺伝子だけではなくて、「ミーム」（meme）つまり「文化的な遺伝子」というものを考えなければ人間の存在は解き明かせない、というように思想傾向が変わってきています。

つまり、熊本にある「日本の文化的遺伝子」というものを伝える人として、荒木精之さんという方はおられたのではないか。

そうすると、そこには当然、右の思想も左の思想も、保守主義的な考え方もあるいは非常にリベラルな考え方も、古い二千年前からの伝統も、熊本人のなかに新しく入ってきた文化とか、そういう熊本のすべてを伝える、そういう文化的な「遺伝子の乗り物」の存在だったのではないかと思います。

この『うつそみの一束』をめくっておりますと、ほとんど熊本の近代史、あるいは近代文学史に関わりある人物が出てきていると考えていいわけです。もちろん、夏目漱石（五高で教授を務めた。一八六七～一九一六）からラフカディオ・ハーン（小泉八雲。五高で英語・英文学を講じた。一八五〇～一九〇四）、あるいは横井小楠から宮部鼎蔵、みんな出てきますが、改めて読み直してみると、いまはもう忘れられていても、ぜひとも今後思い出していかなければならない人物やことがらについても書かれています。

安永蕗子
やすなが ふきこ。1920～。熊本市御徒町出身の歌人・宮中歌会始選者。熊本市名誉市民。1980年「朱泥」で現代短歌女流賞、『椎の木』を主宰。自然を格調高くうたう。町春草にまなび、かな書家としても活躍。『棕櫚の花』50首で第2回角川短歌賞、『冬麗』で迢空賞、2005年県の文化発展に貢献した個人に贈られる荒木精之文化賞受賞。（写真：nishinippon.co.jp）

熊本洋学校を創った横井小楠の甥たち

幕末のときに、日本で西洋のこと、あるいは世界のことをいちばんよく知っていたのは横井小楠と佐久間象山でした。

横井小楠はお兄さんの子供を二人引き取って、アメリカに留学させます。

この留学のときの手紙がいいのです。

「万国公法と云書、手に入候。是は原書はアメリカの恵頓氏の著書にて、欧羅巴各国の人物、諸国交際の法を論弁いたしたる書にて、当分専流行の学問と存じ候。……心を用いられ度存じ候」（慶応二年〈一八六六〉八月十八日付）

そして、その四カ月後の手紙（十二月七日付）には、こうあります。

「別て、三岡修行の功夫実地に帰し、以前とは人物大にうち替わり候趣也。当時市（福井市中）・在（村方）一統、三岡を景慕すること甚敷、家中も十に七八は三岡々々と申候。何に遠からず復職致すべく候」（『開国・維新』三二二頁）

――非常に情愛があるというだけでなくて、幕末の日本は何をすべきか、その時代に新しく生まれ育った人々はどんな勉強をしてゆくべきかという指針が明確に述べられている。そういう手紙です。手紙を宛てられた人は、横井大平（一八五〇～一八七一）と横井左平太（一八四五～一八七五）の二人です。

ところが、この横井大平という小楠の甥は、その後どうなったのかということは、日本近代史全体の歴史書とか人名辞典を見ても、まったく出てきませんでした。

私は、この人物は非常に優れた素質らしいけれど、その後どんな人生を送ったのか気になっていました。しかし、『うつそみの一束』を読み返していましたら、「横井大平」という昭和二十八年（一九五三）に書かれた荒木さんの巻頭言がありました。

「十四年前、私は神風連諸氏の墓探しをやったことがある。その時、京町往生院で横井大平という人の墓を見い出して、記憶に留めておいた」

短い文章でありますけれども、読んでみると、そこには「熊本洋学校」の生みの親であるということと、それが弱冠二十二歳という、非常に若くして死んだ青年であるということが書いてありました。

ところが、横井大平のことは『肥後人名辞書』にも載っていないし、『肥後先哲遺跡』

横井大平
よこい だいへい。1850～1871。横井小楠の甥。兄・佐平太とともに勝海舟の海軍操練所で航海術を学ぶ。17歳で佐平太とともにアメリカ・ラトガース大学に留学、肺を病み帰国。熊本洋学校設立に尽力するも22歳で没する。

横井左平太
よこい さへいた。1845～1875。アメリカ・ラトガース大学やアナポリスの海軍兵学校等で航海術や法律学を学び、6年後に帰国。1875年元老院権少書記官となるが、肺結核のため31歳で没。

にもない。しかし、熊本洋学校（一八七一年設立の熊本藩校。アメリカ人ジェーンズを招き、薩摩・長州に対抗できる人材育成をめざした。徳富蘇峰、海老名弾正、小崎弘道らを輩出）をつくるために、その礎となった人だということがよくわかります。

熊本洋学校というのは、そういう意味でいうと、横井小楠から横井大平、あるいはその兄弟に引き継がれて、そして徳富蘇峰たちに引き継がれていったということが、だいたいの推測をしてわかるわけです。『うつそみの一束』の短い文章を読むことによって、そのことに気づくことができたわけです。

歴史は正と反が絡み合っている

私が最初に荒木精之さんの名前を記憶にとどめたのは、この『うつそみの一束』ではありませんでした。私が物を書き始めたのは昭和四十四年（一九六九）ですけれども、そのころから荒木精之さんの名前は知っていました。

なぜ知っているのかというと、これは佐久間象山とかかわるわけですけれども、『定本・河上彦斎』（新人物往来社、一九七四）という伝記を書いていたからです。これは現在でも河上彦斎に関するいちばん確かな本と思っております。

一九六九年ころというのは、日本でも全共闘運動とか大学闘争が盛んで、「よど号事件」なども起こって、連合赤軍が出てきたり、テロリズムという政治的事件が持っている意味は何なのかということを考える場合に、河上彦斎という人の名前はどうしても見落とすことができないのです。

幕末のテロリスト、暗殺者といわれている人々も、彼らは何を考えて佐久間象山という人物を暗殺しようとしたのか。それを考えないことには、逆にいうと、「佐久間象山のこともわからないのではないか」と二十代の私は必死に考えました。

荒木精之さんの『定本・河上彦斎』を読みますと、河上彦斎の発言というものが記憶にとどめられております。

「自分は、それまでは茄子や胡瓜を切るように人を斬っていた。ところが、佐久間象山という人を斬る時には、総毛が立って、自分でふるえた」

とありました。暗殺はしたけれども、その後は、

「自分は、もう暗殺はやめる。こんな豪傑を斬ってしまっていいのだろうか」

と述懐し、以後、人を斬らなくなります。

最後は河上彦斎も刑死しますけれども、そういった人間たちの歴史を考えると、片方では佐久間象山のことに興味を持ちながら、片方ではそれを暗殺した河上彦斎のことにも興味を持たざるをえないということにもなっていくわけです。

「暗殺される側も、暗殺する側も正しい」と、私は考えているわけではありません。正しいかどうかではなく、歴史というものは、そういうように正反が絡み合っていると

思うのです。

文化は人間の生きるかたちである

人間社会の中では、文化を伝えていく存在として高齢者というものが非常に尊重されてきました。

ところが、今日では核家族化したり、土地を離れてゆく人が多くなってきています。まったく知らない土地に、職業のために移っていくということになると、その土地というものをだんだん知らなくなってくる。知らなければ、結局、その土地に対する愛着というものが失われていきます。まったく知らない土地には、人間は愛着も何も感じません。

「あそこに自分のおじいさんが眠っている」

と思えば、単なる山であっても、それはなつかしい山になります。

「ひょっとしたら、自分も死んだらあそこの山に埋まるかもしれない」

と思えば、そこは心近しい山になるというものだろうと思います。

――それが「文化」です。

文化というとちょっと難しいのですけれど、

「文化は、人間の生きるかたちである」

というのが、私の簡単な言い換えです。

その文化を、誰かが新しい土地に移ってきた人にも伝えていかなければならない。あるいはまた、父祖（先祖）から聞いたことを誰かに伝えておかなければならない。右のことも左のことも知っている。千年前のことも百年前のことも知っている。

熊本でその役割を果たしていたのが、荒木精之さんではないでしょうか。

荒木さんはテロリストの河上彦斎のことも書き、横井大平のことも書き、徳富蘆花のことも書きました。

それはまさに、この熊本が自分の故郷（パトリ）であるという意識でしょう。

たぶん、荒木精之さんにとって熊本という土地は、先祖の人たちがここに埋まっている土地。自分の子孫や、あるいは自分の隣人たちもここに埋もれていく土地。そのパトリの「物語」というものを少しでも多く語っておきたい、書き残していきたい――。荒木さんはそういうように、熊本において一種の文化的な遺伝子の役割を果たしていた人なのではないかと思います。こういう人がいなくなると、その土地は非常に寂しいものになると思います。文化的に豊かさを失っていきます。

私は地方に行くことが多いのですけれども、そういう一種の文化的な遺伝子を持っている人がいないと、その土地は死滅していきます。そういう例をたくさん見てきました。

一人の人間が生きて、そして死んでいくのと同じように、一つの町も生きて死んでいきます。そういう消長をたどっていきます。そのまま死に絶えていくような場合もあるし、また、それを復興していくという場合もあるわけです。

熊本に来たら、その土地のパトリの「物語」というもののできる人を捜し出す。

それが、たとえば三島由紀夫にとっての荒木精之さんだったと思います（三島は荒木宛ての書簡で「日本人としての小生の故郷を発見した（中略）熊本の地は心の故郷になりました」と記している）。三島由紀夫はただ「神風連」（敬神党とも。国学を学び神道によって結ばれた団体。大田黒伴雄らが創設。一八七六年十月二十四日、廃刀令発布に憤激して決起、熊本鎮台を制圧するも翌日鎮圧、自決した）のことだけを聞きにきたのではないだろうと考えています。

いずれにしましても、熊本という土地は、私にとってさまざまな思い出が、あるいはラフカディオ・ハーンや蓮田善明（はすだぜんめい）など、さまざまな人物との関わりがあります。

そしてそれは、荒木精之さんが書いた短い文章だけを見ていても、熊本の近代史に関わる人々がほとんどすべて扱われている。いや、それは日本の近代史に関わる人々がほとんど扱われているといってもいいでしょう。

「熊本は日本の中心である」というのは、そういう意味です。

荒木さんはそういうようなかたちで熊本をとらえ、語り伝えてゆく文化的な遺伝子としての役割を果たした人だということを改めて思ったわけであります。


（二〇〇一年十一月、「荒木精之と『日本談義』展」記念講演に加筆）

一人でいて淋しくない男になれ

頭山満

頭山満

とうやまみつる

（一八五五～一九四四）

福岡藩士筒井家に生まれ、母の実家を継いで頭山姓となる。16歳のとき福岡の興志塾に学ぶ。1875年萩の乱に連座して入獄、獄中で西南戦争（1877）を知る。出獄後向陽社を結成、民権伸張を主張し国会開設運動に活躍。1881年玄洋社に改め、大陸進出を主張する大アジア主義を唱える。対露同志会に参加して強硬外交を推進、井上・大隈の条約改正案に反対し、一貫して強硬姿勢を主張した。国会開設後は国権の伸長・大陸進出を唱え、国家主義運動の総師・黒幕として活躍。孫文・蒋介石・汪兆銘・アギナルド（フィリピンの独立運動者）らと結び、日本の大陸進出の黒幕となった。その一方で日本に亡命したアジア各国の民族主義者・独立運動家を積極的に援助した。（写真：国立国会図書館所蔵）

右翼のボス

私は、十年ほど前に頭山満翁の評伝『雲に立つ——頭山満の「場所」』（文藝春秋、一九九六）を書きましたが、そうしたことで今日、「頭山満翁生誕一五〇年祭」記念講演会の講師として、この場に立つことになりました。

私が頭山満さんの名前を知ったのは、一九六三年に思想家の竹内好（一九一〇～一九七七）さんが『アジア主義』（現代日本思想大系、一九六三、筑摩書房）という本を出版したのがきっかけでした。その『アジア主義』に頭山満の事跡が詳しく記されております。

しかし、当時は私がまだ十八歳であり、それを読んでも、

「まったく知らないことばかりだな」

と思いました。

その竹内好さんは『アジア主義』で、昭和戦前のころの頭山満の位置づけを、

「右翼のボスであり、すでに忘れられた存在に等しい、ほとんど空気みたいな状態になっていた」

というように、冷淡といえば冷淡に書いておりました。

しかし私は、この竹内好さんによって「アジア主義」という思想に門を開かれたわけであります。

一九六九年から私は物を書き始めたのですが、その最初のころから竹内好さんとかなり親しくさせていただきました。その竹内さんが主宰する「中国の会」の事務所が代々木の山手線の外側にあり、よく足を運びました。

その合い向かいに、平田篤胤（江戸後期の国学者。草莽の国学として尊王運動に大きな影響を与えた。一七七六～一八四三）の末裔に当たる鉄胤さんが住んでおられ、山手線の内側には当時から共産党本部がありました。

その「中国の会」でいろいろな研究会を行なっていたのですが、研究会の帰りに、代々木の駅から新宿のほうに向かった中華料理屋にみなで立ち寄りました。その中華料理店の壁には「敬天愛人」と書いた軸が下がっており、そこには「満」と署名がしてありました。

その「敬天愛人」の軸を見ながら、竹内好さんが、

「これはいま誰のものだろうか？」

とおっしゃった。

竹内さんが頭山満のことを知らないわけがありませんから、当然、この「敬天愛人」という西郷隆盛が自分の信条としていた、あるいは生きる道としていた精神というものは、

「いま誰のものになっているのか、誰がそれを守っているのか」

という問いかけだと、私は思いました。そのときは、私は二十五歳になる前でしたが、一言も言葉を発することができませんでした。

「これは誰のものだろうか?」と聞かれたときに、

「満と書いてあるから頭山満のものですよ」

と一言で答えられればいいのかもしれませんが、

「そんなものではないだろう。そのようなことを問うているのではないだろう」

と考えたのです。

そのあたりから、私は日本の近代史というものを調べたり、頭山満の伝記『雲に立つ――頭山満の「場所」』、それから『大川周明――百年の日本とアジア』(作品社、一九八六)という本を書くようになりました。昨年は、『評伝　北一輝』(岩波書店、二〇〇四)という私の〝三十三年の夢〟を実現させる五部作を完成しました。

「中村屋のボース」

私は『評伝　北一輝』で、昨年、司馬遼太郎賞と毎日出版文化賞をいただきました。じつは、私は十年前、アジア・太平洋賞をいただきまして、その後ずっとその選考委員をやっておりますが、

「時代というのはこういうふうに巡ってくるんだな」

と思うような出来事がありました。

二十五歳になる前ぐらいに、竹内好さんの恩顧(おんこ)を受けて頭山満のことを知り、そして大

川周明や北一輝のことを知りましたが、この人々はどういう意味なのか、彼らが思想的に近代に果たした役割とは何なのか、という問いかけから三十五年がたってしまったというのが、現在の私の正直な心境なのです。

なぜそんな年齢の話をするのかというと、昨年末に、私が選考委員をしている「アジア・太平洋賞」の選考を行ない、アジア・太平洋賞に選んだのは『中村屋のボース——インド独立運動と近代日本のアジア主義』（白水社）という本で、これを受賞した人は中島岳志（なかじまたけし）という三十歳の方です。

中島さんが三十歳であるということは、これから三十年たって六十歳になり、私とほとんど同じ年齢になります。彼はなかなかすごい可能性を持っている。

「中村屋のボース」という人物は、竹内さんの『アジア主義』のなかにも出てきますが、もう忘れられた存在に等しいかもしれない。

私は『大川周明——百年の日本とアジア』の中に、次のようなことを書きました。

——大正四年（一九一五）十一月末、グプタとボースの二人は渡米途中のインド国民運動の指揮者ララ・ラージパト・ライの歓迎会に参加したことを咎（とが）められて、五日以内すなわち十二月三日までに日本を退去すべし、という命令を出された。この退去命令は、当時インドを支配していたイギリスの駐日大使館が日本政府に要求したものである。ところが、十二月三日までに彼らが希望するアメリカ行の船はなく、すべて西行き、つまりイギリス勢力の強い上海か香港方面に向かうものばかりである。これでは、二人をイギリス官憲の手に渡すようなものであったから、日本の在野の有志はいずれも反対したが、なにしろ指令はイギリスの方から出ていて、政府に退去命令を撤回させるにも時間が足りない。そこで頭山満をはじめとする大陸浪人＝アジア主義者が一芝居うって、相馬愛蔵の中村屋に匿うことにした。

十二月二日の夜、頭山満は送別会をやるという名目のもとに、二人を帝国ホテルから霊南坂の頭山満邸に連れ出した。無論、尾行の警官つきである。そのあとのことは、相馬愛蔵の妻で、のちじぶんの娘をボースに嫁がせることになる相馬黒光の「ラス・ビバリ・ボース覚書」（昭和三十一年『滴水録』の一節）から引いておこう。

「二人は宮崎さん（滔天＝寅蔵）に案内されて門内を頭山先生の方に行って、お玄関から上がった。まだ八時くらいだった。頭山先生を初め寺尾亨、内田良平、葛生能久、美和作次郎、宮崎寅蔵、萱野長知、平山周、本城安太郎、佃信夫、中村弼、的野半介、大原義剛、大崎正吉、水野海暁、宮川一貫、白石好夫、それから相馬愛蔵が行っていた。誰かがボースに相馬を紹介したが、ボースにはまだその意味がわかっていない。ただお辞儀をした。そしてもう話をしている場合ではない。誰かが頭山先生の黒いインパネスをボースに被せた。グプタにも被せた。それが変装の

相馬黒光

そうま　こっこう。1876～1955。本名・良（りょう）。仙台の生まれ。12歳で受洗。宮城女学院・フェリス英和女学校を退学し、明治女学校に転校。島崎藤村の授業を受け、国木田独歩と交わり文学への視野を広げた。「黒光」は「あふれる才気を少し黒で隠しなさい」との意味で恩師から与えられたペンネーム。養蚕事業家の相馬愛蔵と結婚。1901年東京・本郷にパン屋「中村屋」を開業。クリームパンを発明。1907年新宿に移転。絵画・文学のサロンをつくり「中村屋サロン」と呼ばれた。インド独立運動家ラス・ビハリー・ボースらを匿い、ロシアの詩人ワシーリー・エロシェンコ（4歳で失明、東京盲学校で学ぶ）を自宅に住まわせ面倒をみた。

ボースと相馬夫妻の娘・俊子

相馬愛蔵と黒光夫妻
（写真はいずれも新宿中村屋の歴史 nakamuraya.jp より）

ためだということはわかった。あとは手真似で二人を立たせ、袖を引張って外につれだす。…（中略）…あとでわかるとそれは的野半介さんのお庭を横切ったのであった」

頭山邸からとなりの的野邸を横切って外に出ると、そこに自動車が待っており、二人は相馬愛蔵とともにその車にのって暗闇の東京を新宿へと逃走した。着いたところが新宿の中村屋で、かれらはそこに匿われることになったのである。


こうして、戦前には右翼とも呼ばれたアジア主義者たちが頭山邸に集まり、頭山満の決断によって、日本政府に反抗するようなかたちで、インドからの亡命者のラス・ビハリー・ボース（一八八六〜一九四五）とヘーランバ・グプタ（アメリカに逃げ苦悩のすえ自殺）の二人を匿うことに決めたのです。

新宿の中村屋の二階に匿われたボースは、その中村屋の娘（俊子）さんと結婚して、男女二人のお子さんをもうけられた。男の子（正秀）は先の大東亜戦争において沖縄で戦死しましたが、女の子（哲子）はまだ生きておられます。

ともあれ、このボースと新宿中村屋との関わりが、「恋と革命」の中村屋の〝カリー〟を生んだのでした。

私が二十歳代のころに北一輝のことや二・二六事件のことを調べていったように、『中村屋のボース——インド独立運動と近代日本のアジア主義』を書いた中島岳志さんは、

ラス・ビハリー・ボース
Rash Behari Bose。1886 ～ 1945。インドの独立運動家。ベンガルに生まれ、大英帝国からのインド独立運動に参加、インド総督暗殺未遂事件に関与。1915 年ラホール兵営反乱を指揮して失敗、日本に亡命。孫文や頭山満らと知り合う。日本政府は大英帝国との友好関係を理由に国外退去を通告。頭山らの計らいで新宿中村屋の相馬愛蔵・黒光夫妻にかくまわれ、1918 年相馬夫妻の娘俊子と結婚。大東亜戦争勃発後インド独立連盟総裁に就任、チャンドラ・ボースとともに独立運動にあたるが、インドの独立を見ることなく 1945 年日本で病死した。チャンドラ・ボースと区別のため「中村屋のボース」と称される。（写真：新宿中村屋の歴史より　nakamuraya.jp）

中島岳志
なかじま　たけし。1975 年、大阪生まれ。京都大学人文科学研究所研修員をへて現在北海道大学准教授。

中島：20 歳のころ、松本先生の『大川周明』を読ませていただき、大きな刺激を受けました。なによりも、このような人物が存在したことに驚かされました。（中略）
松本：ボースを選ぼうと思った理由を聞かせてほしいんです。
中島：論理的なものと心情的なものがあると思います。論理的なものは、竹内好さんも松本先生も、アジア主義の二面性という問題を非常に重要視されていらっしゃいますが、その二重性という問題の中に引き裂かれた人がボースさんだと私は思ったのです。
松本：アジア主義の二重性とは、侵略性と連帯性ですね。
中島：そうです。つまり、ボースにとって日本に期待するものが、一方では連帯の問題であるわけですが、それは同時に、日本の帝国主義的侵略をなんとか食いとめなければならないという問題と背中合わせでした。しかし、日本帝国主義を飼い馴らさなければ、自分の運命はない。そのなかで、もだえ、苦悩した人がボースだと思います。もう一つの心情的な理由ですが、彼は人間的に非常に豊かな方だと思うのです。とても魅力的で、かつ苦悩や悲しみを持った人だと思う。とくに私自身がこの本の中でも中心的に重きを置いたのが、秦学文という在日コリアンの実業家との関係です。この二人の関係を知ったときに、「あ、これだ」と思いました。たとえば玄洋社や日本のアジア主義者たちとの宴会があって、ボースはそこに出席し、揚々と「万歳」をやるわけですが、帰り際に、かれはいつも、秦学文を呼び出すのです。それで、銀座のすし屋・九兵衛などに行って、泣き合うのです。寂しい夜に彼が呼び出すのは、日本の玄洋社、黒竜会、あるいは大川系の人ではない。一在日コリアンのまったく政治力もないような人と会って、二人で涙する。ここにボースの二重性が現れていると思いました。（『アジア時報』2005 年 12 月。「私たちにとってアジアとは」より抜粋）

ボースを調べていって、ボースの娘（哲子）さんを訪ねたのです。

先日のアジア・太平洋賞授賞式には、その娘さんも出席しておられました。彼女は現在八十二歳ですが、非常に元気そうでした。私はそのとき、

「これがラス・ビハリー・ボースの娘さんなのか」

と思いました。同時に、私は北一輝や二・二六事件を調べていたころには、ボースにはそれほど興味を持たなかったことを思い出しました。

その中島さんと、毎日新聞および同社が出している雑誌『アジア時報』で対談する機会がありました。対談の冒頭で、中島さんは、

「じつは中村屋のボースを知ったのは、松本さんの書かれた『大川周明――百年の日本とアジア』という本によってなのです」

といわれた。先ほど引用したように、私は『大川周明』の中で、頭山満の指示によって右翼と呼ばれていた人たちが懸命にボースを匿おうとしたことを書いたわけです。

そのエピソードに注目して、当時二十二歳で学生だった中島さんが中村屋のボースの研究に没頭するようになったというのです。そして八年後に『中村屋のボース』という本を完成させ、アジア・太平洋賞を受賞したわけでした。

紹介石（右）と
（呉竹会 頭山満写真集より　www.toyamamitsuru.jp）

昭和16年（1941）9月、頭山は東久邇宮稔彦（ひがしくにのみや なるひこ。1887～1990）王から蒋介石との和平会談を試みるよう依頼され、頭山は玄洋社社員で朝日新聞の主筆だった緒方竹虎に蒋介石との連絡をとらせ、蒋介石から「頭山となら会ってもよい」との返事を受け取った。これを受けて東久邇宮が東條英機首相に飛行機の手配を依頼したところ、「勝手なことをしてもらっては困る」と拒絶され、会談は幻となった。東久邇宮はこのときのことを、「頭山翁は、衰運に乗じてその領土を盗むようなことが非常に嫌いで、朝鮮の併合も反対、満州事変も不賛成、日華事変に対しては、心から憤っていた。翁の口から蒋介石に国際平和の提言をすすめてもらうことを考えた」と書き残している（東久邇宮稔彦著『私の記録』、東方書房、1947）。

タゴール（右）と
（呉竹会　頭山満写真集より
www.toyamamitsuru.jp）

頭山満（中央）、ボース（頭山の後列）、犬飼毅（右）
（呉竹会　頭山満写真集より
www.toyamamitsuru.jp）

奥底でつながる思想の脈絡

この中島さんとの対談で、彼は、『大川周明』という本を読んで頭山満がイギリスとの対抗関係にあったインド亡命者であるボースを匿ったと経緯を知り、それが『中村屋のボース』を書く動機になった、ということを話してくれたのです。

そのようにして、時代の表層からは忘れられているようであっても、歴史の本質はまったくそうでなく、「思想の脈絡」というのが奥底でつながってゆくんだな、と思いました。

私は、頭山満伝や大川周明論、北一輝のことを書くのは「わたしで終わりだろう」という覚悟で、この三十五年間、物を書いてきました。「自分が最後だ」と思ってやってきたのです。

だいたい、あとにつなげようとは思わないんです。

このあとにはもう誰も書いてくれないかもしれない、これは私が書かなければならないテーマである、と思ったものを書いてきたわけであります。

結果とすると、その私が若いとき、三十五歳ぐらいのときに書いた本を読んで、中島岳志さんが『中村屋のボース』を完成してくれるというかたちで、「若い人たちがいま出てきているんだな」というふうに思いました。

一人でいてさびしくない男になれ

頭山満のことに対しても、竹内好さんの言葉をそのまま素直に聞いていれば、昭和の時代は、彼は「空気のような存在であった」というふうに書かれているわけでありますけれども、「必ずしもそうではないのではないか」ということに、私はずっと心が動いているところがありました。

具体的にいいますと、一九八九年、昭和天皇がお亡くなりになった年でありますけれども、それは日本の中でも大きな変革でありました。世界史においてもベルリンの壁が崩れる、すなわち冷戦構造が解体するというときでした。

私が頭山満に興味を持ったのは、右翼であるから、あるいは左翼を撃破する存在であるから、だから研究しようと思ったわけではありません。そうした右か左かという定義、そういうレッテルを超えるような存在、そういう強い太陽の光を持っている存在、心の中に強い光源を持っている存在——。

頭山満とはそういう存在なのではないか、と気がついたのは、

「一人でいて淋しくない男になれ」

という頭山満の言葉でありました。

これは右であるとか左であるとか、右翼であるとか左翼であるとか、冷戦構造が解体し

たからもう意味がなくなり、終わりになるような精神ではありません。人間の生き方ではありません。

よく考えてみると、頭山満のなかには「一人でいて淋しくない男になれ、人間になれ」と類するような言葉がたくさんあります。もちろん彼は文学者ではありませんから、彼がひとりで発明した、そういうふうな言葉でないような言葉もあります。

これは頭山満が先人から受け継いだ、もっといえば西郷隆盛から受け継いだ「敬天愛人」という言葉を書にして残して、それを私が見る。そのことによって、西郷精神というものは、

「頭山満が継ごうとしていたのだな」

ということがわかるわけであります。

「敬天愛人」という言葉を頭山満が大事に大事にしてきたということは、西郷隆盛の精神

若き日の頭山満

頭山は24歳のとき薩摩の西郷隆盛の旧宅を突然訪ね、「西郷先生に会いにきました」といった。「西郷はもう亡くなったよ」と家人が応じると、頭山は「いえ、西郷先生の身体は死んでもその精神は死にません。私は西郷先生の精神に会いにきたのです」と答えたという。（写真：国立国会図書館所蔵）

を大事にするということです。そしてそれは、ある意味ではアジアにつながるのです。

我が身を殺して仁を成す

私は、数年前に韓国の金大中（キム・デジュン。一九二五〜二〇〇九）大統領の話を聞いたときに、彼は『座右の銘』といわれて「必ず書く言葉がある」というのです。小学校のときに覚えたもので、「誰の言葉かわからない」といっておりましたが、その座右の銘は「敬天愛人」であります。

金大中さんの思想や立場に対しては批判的な人もいるでしょう。しかし彼が、座右の銘は「敬天愛人」という言葉なんだといったときに、そこに何か精神の通ずるもの、あるいは精神が通じ合って火花が散るような、そういうもの、そういうアジアの精神史がいっぺんによみがえってくるのかもしれない。

私は、日韓合同学術会議の幹事をやっておりました。十数年前にそれを衛藤瀋吉（国際政治学者。一九二三〜二〇〇七）さんから受け継いだときには、韓国では豊臣秀吉、西郷隆盛、福沢諭吉の名前は禁句であり、絶対に口にしませんでした。

豊臣秀吉といえば「朝鮮征伐」であり、西郷隆盛といえば「征韓論」、福沢諭吉であれば「脱亜論」です。「アジアの悪友と手を切っていく」ということは、「われわれアジアの民を棄てていく」ということだからと、絶対に韓国の人々は福沢諭吉の名前は口にしなかった。

　ところが、十年近く日韓合同学術会議をやっている間に、福沢諭吉に対する評価が変わってきました。どういうことかといいますと、

「福沢諭吉という人は日本の近代化に非常に貢献した人であり、韓国からの亡命者を救った人、頭山満とお金を出し合って金玉均（きんぎょくきん）（一八五一～一八九四）を助けた人である。ならば、なぜ福沢諭吉はそういうことをしたのかを含め、福沢諭吉を一言も口に出さない、出したくないというのは間違いかもしれない。福沢諭吉は日本の独立・近代化のために、古いアジアの悪友と手を切っていかなければならないといったが、それは日本の独立のためであった。それは韓国の独立を考えた場合でも、同じような結論が出るのではないか」

と発表する四十代の女性の学者が韓国側の学者のなかから出てきた。

　この方はハーバード大学出身で、梨花女子大学の助教授でしたが、

金玉均
キム・オクキュン。1851～1894。李朝末期の政治家。朝鮮開化派の指導者。科挙文科に合格、青年政治家として注目される。明治維新を模範とした朝鮮の独立・近代化の開化思想を抱き、1881年来日。福沢諭吉の支援を受ける。1884年朴泳孝らとともに日本の援助を得て改革と清朝からの独立を企図してクーデター（甲申政変）を起こすがわずか3日間で鎮圧、日本に亡命。1894年上海で閔妃（みんぴ）の刺客洪鐘宇の凶弾に倒れた。（写真：朝鮮日報より）

「福沢が脱亜論で説いたのはアジア国家の独立である。ところが当時の朝鮮は自分たちの独立自尊を考えないから、福沢は手を切らざるを得なくなった。それゆえに、これは韓国侵略論でもアジア蔑視でもない」

――という趣旨の解説が飛び出したのです。

「ずいぶん韓国も変わったなあ」と驚いたことでした。

こういうことで、福沢諭吉だけでなく、西郷隆盛の名前も「征韓論」というレッテルではなく、違うかたちで評価されてくる可能性が出てくると思います。

この日韓合同学術会議は、小泉（純一郎・元首相）さんの「構造改革」という指令のもとに、外務省が「そんな民間の学者の会議にお金を出したくない」というのでリストラをされ、やめさせられてしまいましたけれども、そういう人脈はまだ残っております。

数年前（二〇〇一年一月二十六日）に、東京・新大久保の駅で日本の中年男性が酒に酔っ払って線路に落ちるという事件がありました。その中年男性を救おうとしたのが、韓国人青年（李秀賢＝イ・スヒョン氏。享年二十六歳）でした。彼は軍隊に入った経験がありましたから、線路に落ちた男性を救うという機敏な行動が取れたのでしょう。

そのとき、韓国の新聞は、一人の韓国人青年が命をすてても一人の日本人の命を救おうとしたことを「殺身成仁」（「身を殺して仁を成す」）という言葉を使って報道しました。金大中大統領も、「殺身成仁の犠牲精神は韓日両国民の心の中に永遠に記憶されるでしょう」

と弔文の中で表現しました。

「我が身を殺して仁を成す」――。これは血盟団事件の「一殺多生」とほぼ同じ意味です。この言葉は頭山満翁の好きな言葉でした。数年前に、読売新聞西部本社が『大アジア 燃ゆるまなざし――頭山満と玄洋社』（海鳥社、二〇〇一）という本を出版しました。この本は、本当は全国で売ってもらいたいぐらいの非常にいい写真が入っているのですけれども、この本にも「殺身成仁」という頭山満の書いた書が載っております。

この「殺身成仁」は頭山満の言葉ではないのですけれど、頭山が儒学、先人から受け継いだ言葉であります。それがアジアの中で受け継がれている。

「東アジア共同体」の構想

頭山満のアジア主義というのは、「ヨーロッパの栄光はアジアの屈辱にほかならない」という岡倉天心のアジア主義を受け継いだものでもありましょう。

このアジアの屈辱をなんとか晴らしていかなければならない――。そういうことで彼らはアジアに同志を求め、また心を同じくする人々が集まったのです。

「これがアジア主義者たちであった」と、私は評価しています。

こういうアジア主義の精神がなくなってからまだわずか六十年ぐらいです。この精神はなくしていいものではありません。

現在の日本政府は「東アジア共同体」といっております。

「あれは松本さんがいっている言葉なんでしょう」

と、オーストラリアの学者から聞かれたことがあります。

私は、「そんなことはないけれども」と答えたのですが、彼らは「東アジア共同体」の発想をアジア主義だというふうにとらえておりました。

こういうところにも、日本の精神というもの、あるいは日本が歴史の底でやったこと、アジアの中での日本の目指す立場というべきもの、これをいま充分に知っておかなければならないときでないかと思っています。

中島岳志さんのような若い人のなかから『中村屋のボース』を書く人が出てきたということをご報告しながら、西郷隆盛の精神、頭山満の精神というものを決してすててはいけない、いや必ず復活するであろうと、私は考えていることを語っておきたいと思います。

「一人でいて淋しくない男になれ」

それは、その心の中に抱いたアジア主義という精神が強く光るものであれば、これは「一人でいて絶対に淋しくない」と、そういうふうにとらえることができるのであります。

（二〇〇六年二月十七日、「頭山満翁生誕一五〇周年祭」講演に加筆）

近代への憧れと故郷喪失

石川啄木

石川啄木 いしかわたくぼく

（一八八六～一九一二）

本名・一（はじめ）。岩手盛岡の僧家に生まれ、渋民村（現玉山村）で育つ。盛岡中学時代に与謝野晶子らの短歌に傾倒、文学への志を抱く。1902年中学を退学、上京。結核を発病し、翌年帰郷。1905年上京、与謝野鉄幹の知遇を得て詩集『あこがれ』を刊行、明星派詩人として注目される。北海道・東京など各地を転々とし、貧苦と病苦のなかで生活に即した平明な3行書きで生活感情ゆたかな短歌をよむ。1910年「朝日歌壇」の選者となり、歌集『一握の砂』を刊行。大逆事件を機に社会思想に目覚め、和歌の革新を志すも、1912年肺結核で死去。26歳であった。死後、その作品と思想は大きな反響を呼んだ。（写真：石川啄木記念館所蔵）

「天国はいらない、ふるさとが欲しい」

「クニ」というとき、漢字の「国」と、ひらがなの「くに」に分けていうことができるのではないかと思います。簡単に対比すると、前者は「ネイション」（nation）であり、後者は「パトリ」（patri）と呼べるものです。

ネイションは、ナショナリズム（nationalism）の根源である国民、国家、民族が一体化した言葉です。これはまさしく近代になってから成立した国の概念です。

一方、パトリは、「倭（やまと）はくにのまほろば」（『古事記』「倭建命（やまとたけるのみこと）」の歌）などとも同じように、郷土、祖先伝来の土地、先祖、父母、ふるさと、その風景、山河、同胞などのことです。つまり、時代を超え、普遍性をもって変わることのないような存在で、これからも変わらないであろうと思われる記憶がパトリですが、ネイションは将来的にはどうなっていくかわからないものです。

たとえば、ヨーロッパに「ＥＵ」（European Union。欧州連合）が成立したことを思うと、現在のフランスやドイツといった国家（ネイション）は、もしかしたら解体して「ＥＵ」という大きなネイションに統合され、姿を変えていくかもしれません。

もしそのとき、「あなたは何者ですか？」と尋ねられても、「ＥＵ人です」とはいわないと思います。「ＥＵ」というのは国家に代わる機構であって、「ブルターニュ人だ」とか

「フランドル出身だ」という言い方をするだろうと思います。

そのように、「郷土への愛」（パトリオティズム　patriotism）は近代の国家が解体してもなくならないものでしょう。たとえそこから都会へ出てきても、陶淵明（とうえんめい）の詩、「帰りなんいざ、田園まさに荒れなんとす」（「帰園田居」）

というように、いずれは帰郷していく。そういう記憶の場所です。そのようなパトリオティズム（郷土愛）が、長い歴史のなかでの人間の生き方であったわけです。ところが、近代のわれわれは、

「都市は人間を自由にする」

という都市神話のもとで都会へ出てきたまま、ふるさとへ帰らなくなってしまった。そこで、「都市は人間を本当に自由にしてくれたのか」と考えるようになったわけです。

たしかに、都市で身につけた新しい感受性というものもあります。『石川啄木　望郷伝説』（「松本健一　伝説シリーズ3」）の中でも触れましたが、

「都市における人間は道徳が希薄になり、官能の鋭敏が尊ばれる」

と、啄木はいっています。

本来的には、風土や伝統の一体化のもとで、その土地に共通の言葉・文化・精神が生まれてくるのです。そして、そのエートス（心性）のうえに立って、共通の価値観と、「だからこういうことをしてはいけない」という道徳が出てきます。

しかし、都会へ出てきた人間には、それが失われます。

そういう都市の人間類型（エートス）を象徴的に描いている作家が村上春樹だと思います。彼の小説を、私は「都市小説」と呼んできましたが、たとえば、双子（ふたご）の姉妹がアパートのとなり同士に住んでいて、同じ服を着て出てきたときに、そこに違いを見つけるとすれば、部屋番号が違うということしかない。そうすると、都市で生きていく共通の感受性はおのずとふるさとで培われたものとは違ってくるはずです。

コーヒーとトーストの朝食、水洗トイレ、そしてスパゲッティのゆで時間はどれくらいかけなければいけないとか、およそ地方の村で暮らしていれば意識しなかったようなことにこだわるのが、都市での「官能の鋭敏さ」なのです。

それでも、いまでも都市の日本人が「望郷」、あるいはそれに伴う感情を抱いていることとは何を意味するかというと、

陶淵明
とう　えんめい。365～427。名は潜。中国江西省の人。下級貴族の家に生まれ、壮年のころ国事に奔走。のち彭沢県令となったが3カ月足らずで『帰去来辞』を作って故郷に帰り、清貧に甘んじながら酒と菊を愛して自適の生活を送った。その詩は時流に超然として平淡かつ自然と評される。『桃花源記』は桃源郷の語源となった。（絵図：www.chine-informations.com より）

「人はパトリを失って生きていけるのか」

という存在論的な問題なのだろうと思います。

かつてロシアでは、共産主義が人間の理想社会を描き、「これを革命によって実現しよう」という提示をしました。いまはアメリカが「世界に自由と民主主義を与えましょう」という。「いやいや、イスラム国家ですよ」というイスラム原理主義者もいる。イデオロギーや宗教のレベルでの「理想郷」（天国）をずっと提示してきたわけです。

ところが、共産主義革命に抵抗したロシアの詩人・エセーニン（一八九五～一九二五）は、

「天国はいらない、ふるさとが欲しい」

とうたいました。彼の詩のような考えこそがパトリオティズムなのです。

あこがれは幻想である

「あこがれ」はあく・がれで、「在所（あく）を離（が）れる」という意味ですが、都会に出れば自由になれるというのは、近代の幻想なのです。あこがれは「幻想」なのです。

たしかに、現実的な意味で、都市での恋愛は自由ですし、職業の選択肢は広がるでしょう。でもそれは表層的な現象にすぎない。啄木が上京してきた明治三十五年も、一〇五年後のいまも、人間自身はそれほど変わってはいないのです。仏教でいう「色」、つまり現象は移り変わっても、本質的なものは変わりません。

啄木に限らず、近代の誰もが持った都会へのあこがれを一言でいうならば、「西洋化」あるいは「文明化」です。

明治以降、日本はそれまでの封建社会から生まれ変わって、ヨーロッパのような国民国家を建設していかなければ植民地化を逃れられない、と考えた。このねばならない、という方向性は、爪先立たなければならない点で、すでに内的に無理があったわけです。

そうすると、その爪先立った分だけのリアクションとして、「うしろめたさ」が生まれてきます。日本が西洋化するほど、アジアに対するうしろめたさが大きくなる。それが反動（リアクション）として、アジア主義の思想も生み出しました。

都会へのあこがれと故郷喪失のドラマ

近代の人間が自由を求めて都市に出てくるとき、自分を抑圧していたように感じて捨て

エセーニン

Sergei A. Esenin：セルゲイ・アレクサンドルビッチ・エセーニン。1895～1925。ロシアの詩人。農民の子としてリャザンに生まれる。「最後の農村詩人」を自称し、故郷喪失者として生きる都会のすさんだ生活をうたった。1915年詩集『招魂祭』で詩壇にデビュー。革命の工業化路線に抗し農村のしあわせをうたったが、「自分にはもはや帰るべきふるさとはない」との意識に苦しみ、1925年レニングラードのホテルで自殺した。

てきたもの、あるいは見ないようにしてきたものが都市移住者にはあります。

それが「パトリ」です。

啄木も、そうした病理を抱えていました。

都会へのあこがれ、詩を書いて生活することへのあこがれは強いものの、渋民村（啄木の故郷）や老父母のことが痛みとして思い出される。それが「望郷」の思いとなって彼を、あるいは私たちを引き戻そうとする。

そのエートス（心性）の姿は、一四〇年間にわたって近代化を進めてきた日本という国の歴史と重なります。日本人は近代化による「故郷(ふるさと)喪失」という精神史的ドラマの果てに、帰属する場所を失った根抜(ねこ)ぎの状態になっている。

啄木がうたった故郷喪失のドラマは、近代日本人全部が抱えていた病理だということもできます。


「病のごと　思郷(しきょう)のこころ湧く日なり　目にあをぞらの煙かなしも」（『一握の砂』）

――いまでもその病理はあります。

記憶のなかのふるさとを想起させる風景に出会えば誰もが心を癒されるし、そういうところへお金を払ってまでも出かけて行こうとするのは、かつて捨てたもの、見失っていたもののなかに、改めて自分の根の何かを見いだしている心理なのだろうと思われます。

不思議なことに、一度も田舎(いなか)に住んだことのない若い人たちでも、「なつかしい」と感じてしまうものが、田舎の風景にはあります。それは生命的な遺伝子「DNA」とは別の、文化的な遺伝子「ミーム」（meme）が日本人の記憶、つまり言葉のなかに刷り込まれているからです。

「ふるさとの訛りなつかし　停車場の人ごみの中に　そを聴きにゆく」（『一握の砂』）

という歌を読めば、ふるさとの訛りを持たない人でもなつかしいと感じます。

かつて東北から集団就職で出てきて東京に住み始めた父親から聞いていた話を、この詩に触れたときに思い出して、すでに亡くなった父親のことを偲ぶ――。

その人にはミームが伝わっているわけです。

啄木はそのへんの心理をうまく表現しています。

都市移住者の一代目は、ふるさとをなつかしみつつ、冷たい都会の人情のなかに死ぬことになる。その子どもである二代目になると、自分はほとんど見たことがないが、いつも両親が寝物語に聞かせてくれたふるさとが、あたかもおとぎばなしの「幸の島」のようなものとして思い描かれる。

ところがその三代目になると、ふるさとは見たこともないし、聞いてもピンとこない。彼らは都市に生まれ、都市に死んでゆく。そこでは都市生活の中での官能の鋭敏が尊ばれ、代わりに徳性の麻痺が起こる、と。

ゲーテッドコミュニティ（Gated community）

世界に目を転じれば、世界中から自分たちのそれぞれのパトリを捨て、アメリカという「あこがれ」の地に集まってきた人々がいます。

たしかに、アメリカには成功への自由がありました。でも、そこで人々は何をめざしているかというと、「一獲千金」であり、社会的なステータスを得ることです。

そして、そうした人たちのなかから今日生まれてきたのが「ゲーテッドコミュニティ」の建設なのです。病院も学校も警察も、コミュニティの住民たちがお金を出し合って建設する。そのコミュニティをフェンスで囲って、見知らぬ人が入れないようにする。

――まさに格差の秩序化です。

いかにも不自然な感じはするけれど、そこに住む人々が求めるものが、川が流れ、森があり、子どもたちがのびのびと遊び、教育を受ける場所も、病気を診てくれる場所も完備された、安心して暮らすことのできた故郷と同じような環境だったのだと考えれば、「捨て去ったパトリを自分たちでもう一度、人工的につくり直したい」と思っている姿が、そこに見てとれるわけです。

究極は言葉にある、物語にある

国家には、「ステイツネイション」と「カルチャーネイション」という成立の仕方があるように思います。

ステイツネイションとは、法・制度的な意味での国家です。アメリカやシンガポールなど、人工的につくられた国家です。また、モンテネグロ、セルビア、クロアチアといったいくつものパトリをまとめなければ他国に対抗できなくなるという理由から、「ユーゴスラビア連邦」という国家をつくりました。ところが、これがいま解体しています。ステイツネイションには内的な一体性がないから、ひとつにまとめる困難が伴うのです。

ところがカルチャーネイションは、長い歴史をへて、文化的一体性を持ち、ひとつの国として成り立っている。

日本という国でも、いつ天皇制が固まったのかも明確ではない。どこからどこかまでが日本なのかもはっきりしていない。『古事記』には「大八洲（おおやしま）」という八つの島が含まれることが書かれてはいますが、現実には他国との境界線ははっきりせず、日本語を使っているところが「日本」というに等しい。

「この国」といったときにイメージするものも、ステイツネイションではなく、カルチャーネイションです。海に囲まれ、富士山という円錐（えんすい）形の山があり、折口信夫（おりくちしのぶ）（国文学者・歌人。一八八七～一九五三）ふうにいえば、「海やまの間」の民族である。そこに私たちの共感性もあります。

「海ゆかば水漬くかばね　山ゆかば草むすかばね」（『万葉集』）

という大伴家持（奈良時代の歌人。七一七～七八五）の歌は、懐かしい山河を詠うものとして、私は「第一の国歌」とさえ呼びたくなるほど、そこには日本の美が言葉に表れていると感じます。

そのように、カルチャーというものは、究極的には「言葉」に表れます。言葉によって民族に刻まれた記憶はミームとして伝わっていくのです。

ですから、「日本はどこにあるか」と問われれば、究極の答えとしては「言葉にある」といえるでしょう。もっといえば「和歌」にある。だから、天皇家は「歌会始」を日本の文化の根源のシステムとして手放さないのです。

かつて、中国から先進文明として漢詩を教わりましたが、「勅撰漢詩集」というものはありません。わずかに『和漢朗詠集』（詩歌集。藤原公任撰。二巻）があるくらいです。つまり、漢詩は大きな教養であっても根づかない風土なのです。日本人の還っていく場所は和歌の世界なのです。

では、古代から日本人は変わっていないのか――。

変わっています。たとえば、『万葉集』（二十巻。約四五〇〇首）には「花」という言葉がたくさん出てきますが、当時は花といえば梅のことでした。美の対象が中国文明からの伝来の梅だったということです。そのうち、日本の固有の桜を花ととらえるように変わってきました。そのような変化が日本人に起こっていたということです。

その変化は「日本という物語」の創出であり、カルチャーの形成といってもいいと思います。

民族的な物語の創出ということでいえば、アイルランドなども同じことがいえます。

アイルランドは、農業生産的な面でも、産業の面でも非常に弱い国家であり、政治的には常にイギリスの植民地化を警戒しなければならない歴史を負った国です。

自立して生きていくためには「物語」が必要とされます。それがたくさんの「妖精の物語」を生みます。国民は言葉に拠って生きてゆく資質を獲得します。

北アイルランドを含めても五百万人しかいない地域であるにもかかわらず、これまでにノーベル文学賞受賞者を四人も輩出している。つまり、言葉、文学を自分たちの誇りの根源にする意識を持っているのです。

アイルランドはそういうカルチャーネイションなのです。ふるさとを持ち、妖精という架空の物語を創出することで生きてきた民族なのです。

拳というアメリカのアイデンティティ

一方、ステイツネイションの最たる国がアメリカです。

自由と民主主義を発信し、世界中から人を集める移民国家となっていますが、アメリカにはアイルランドの妖精のような、あるいは日本の桜のような文化、つまり「内なる物語」がない。そのことにアメリカ国民が飢餓感を抱いたり、焦燥感を持ったりするのです。

いくら「自由と民主主義の国である」といっても、それは絵に描いた餅にすぎず、「自由と民主主義の敵はフセインである」とか「北朝鮮である」といって、外に敵をつくっていくしか内的に一体化できないのです。

第二次大戦のときには、外なる敵は日本、戦後はソ連、「共産主義である」といい、いまはイスラムが外なる敵として、それを「正義」という名のもとに必ず叩くことによって、自分たちの自由と民主主義の正しさを証明してみせる。

しかし、その使命感には無理をしている姿が否めません。やはりアメリカの病理としかいいようのないものです。

では、アメリカには「物語」となりえるものはないのか——。

あります。もともとは拳しか持たない移民である、という物語があるのです。

代表的なのが、アイルランドから移住してきた人たちです。「拳ひとつ」でアメリカの開拓を成し遂げてきたという物語です。

ことあるごとに、外との戦争のときには必ずアイルランドにアイデンティティを求める映画がアメリカでつくられてきています。

第二次大戦が始まるときの『風と共に去りぬ』（M・ミッチェル原作、一九三九年公開）に出てくる牧場の名前「タラ」は、アイルランドの独立運動が起きた場所の名前でもあり、神話的にも重要な場所です。タラには丘があるだけで、ほかに何もありません。

スカーレットは何か問題が起きると、「タラへ帰ろう」といいます。

南北戦争で家が焼け、何もなくなっても「誇りだけは捨てたくない」と、焼け跡の農場にあったカーテンでドレスをつくり、身にまとう。それがアイリッシュ・グリーンの服なのです。アイルランドのナショナルカラーです。

またイラク戦争の最中に公開された『ミリオンダラー・ベイビー』（二〇〇四年公開）の老トレーナーが読んでいたのが、アイルランドのゲール語の『イェイツ詩集』（ウィリアム・バトラー・イェイツ〈一八六五〜一九三九〉作。一九二三年ノーベル文学賞）です。

彼のもとへ一人の女性がやってきて、「私が私であることを証明するのはボクシングだ」といいます。つまり、拳だけしか持たないアイルランド人の誇りを取り戻したいという意味のシーンです。そして、試合のときにかけてもらうアイリッシュ・グリーンのガウンの背中には、ゲール語で「モクシュラ」と書かれている。「私の命（私の血・私の愛する人）」という意味です。

そのように、アイデンティティをアイルランドに確認するのが、アメリカの「内なる物語」なのです。

J・F・ケネディ（一九一七〜一九六三）はいまでもアメリカ人の心に刻まれた英雄の一

人ですが、ケネディ家もアイルランド出身です。これもまた、内なるアメリカの物語として生き続けるのです。

そして、ここで見えてくるものが、「近代の故郷喪失の物語」でありながら、同時に望郷、つまり「自己発見の物語」なのです。

自由のかなたに何があったか

「内なる物語」を持っている民族は世界にはまだたくさんあります。それを「近代化をしていない」という言い方もできるけれど、じつはパトリに依拠した高い精神性を保ちつつ、そこに住み続けようとする人々は「共同幻想」を持って生きているのです。

先日、新疆ウイグル自治区を訪ねたのですが、天山山脈にある「天池」という池は、ウイグルの民にとっては「天が与えてくれた贈り物」と信じられています。これもひとつの共同幻想です。

車もない、堅固なビルもない、学校もない。それはいまだ「近代化が訪れていない」と評することもできるでしょう。あるいは、ふるさとにとらわれているのは「自由さを獲得していないことだ」ともいえます。

でも、「天国はいらない、ふるさとが欲しい」というときのふるさとが、彼らにはまだあります。ただ、彼らも胸中では、車が欲しい、CDが聞きたい。そう思っているかもしれません。

彼らと私たちの大きな違いは、近代化のプラスもマイナスも知っているということです。求めた自由の先に何があったのかを、私たちは知っている。職業を自由に選べることが、親子や兄弟（姉妹）をバラバラにすることもあると知っている。孤独もそこから発生するけれど、都市の「自由の代償」としては甘受しなければならなかった。

そうした現実を知ってしまったのは「幸せなことなのか」と考えることが、リアリズムというものでしょう。

まさに私たちはリースマン（一九〇九～二〇〇二）がいった、「孤独な群衆」です。自分のなかにある伝統的な内的価値（近代の個的な価値とは区別される）を失った状態です。この状態をもたらした文明は「果たしてよかったのか」という問題の突きつけを、私たちは受けているわけです。

ケネディ

ジョン・フィッツジェラルド・ケネディ。1917～1963。アメリカ合衆国第35代大統領（在位1961～1963）。アイルランド系。ハーバード大学卒。下院議員、上院議員をへて1961年1月史上最年少かつカトリック教徒最初の大統領となる。ニューフロンティア政策を提唱。1962年のキューバ危機の際、ソ連のフルシチョフ首相と交渉し、東西の緊張緩和に努力。平和共存の路線を歩み、部分的核実験停止条約を締結した。国内的には宇宙開発・黒人の差別待遇廃止などに意欲的であったが、1963年11月22日テキサス州・ダラスで暗殺された。太平洋戦争時、ケネディの乗った魚雷艇P-109が日本の駆逐艦『天霧』と衝突し、沈没。ココナツに救助の旨を書いて助けられ、そのココナツは大統領執務室に飾ってあったという。

敗北の自己の投げ出しで得た共感・共苦

啄木が自由なる都会へ出て、最初に身につけようとしたのは「新体詩（しんたいし）」と呼ばれる先鋭的な言葉でした。

しかし、それで表現できるものは啄木自身の個的な感受性であって、多くの人と共有できる価値ではない。その言葉では他者の共感を呼ぶことも、一体化することもできない。大衆と一体化できるのは、日本のふるさとや自然を想起させる日本語の「短歌」しかなかったのです。

そこで、近代日本の他者と共有・共感できる言葉のほうへ、啄木は〝退行〟していった。そのときに「私も同じ感覚を持っている」と、敗北した自己への愛惜（あいせき）や愛着というかたちで、彼の歌が大衆に広がっていった。それは啄木が「日本人の言葉」を掴（つか）んだからなのです。

ロマン主義者の啄木が、「何かおもしろいことはないか」とうろつきまわる状態から、「どうしたらおもしろくなるか」という自己の追究へと〝転位〟することで、爪先立ちから解放され、「敗北の自己の投げ出し」ともいえる短歌によって、人間の色の部分ではなく、あるがままの姿を表しえたときに、彼は大衆の共感・共苦を手にすることになったのです。

この「共感・共苦」が人間を救っていく「原理」だということを、近代の果てにあるわれわれは強く問われているように思います。「文明の衝突」などという戦略の必要のない、あるいはガンディー（一八六九〜一九四八）が唱えたような新たな文明の構築を可能にするヒントも、そこにあると思うのです。

人間がなすべきことは近代的自我の形成であり、自己実現であり、個的な価値の追求だと思って走ってきたのが近代人です。

しかし、じつは、個的な価値や近代的自我などの追求のための言葉自体が、祖先や父母から伝えられたり、ふるさとの人々が語っている言葉の文化遺産だったということに気がついていなかったのです。アジアや日本人としてのミームが刻み込まれた言葉によって、西洋化の象徴ともいえる近代的自我を語ろうとしていたわけです。

本来、われわれがすべきことは、近代的自我を語らんとしたそのアジア的文化遺産としての記憶や、日本語をとらえ直したうえで、自己を追究することであったのです。

自己を「建設」するのではなく、私たちはどのようなところに生まれ、どのような体験をし、どのような規範を持つ人間なのかといった「自己の本質の見極め」が必要であったということです。

西田哲学的にいえば、「私をつくる」のではなく、「私とは何か」を追求することに、より情熱を傾けるべきだということです。

リースマン
David Riesman。1909 ～ 2002。アメリカの社会学者。ハーバード大学教授。大衆社会における人間類型（他人指向型）を鮮明に描き出した著作『群衆の孤独』（1950）でその地歩を確立した。工業化に成功し豊かさ便利さを手にした大衆社会と呼ぶべき状況が出現し、かつての習慣・伝統に依拠した行動指針をもつ（伝統指向型）や宗教や伝統の制約から解放され、内面の理性を頼りに行動する（内部指向型）のような人間像は過去のものになりつつある。他人指向型の人間は他者の期待や好みに敏感になり、他者と同調することを行動指針とするようになり、大勢のなかにあっても一人ひとりの人間は孤独である、と唱えた。（写真：David Riesman www.life.com より）

ガンディー
モーハンダース・カラムチャンド・ガンディー。1869 ～ 1948。インド独立運動の指導者・思想家。国父と仰がれ、マハトマ（偉大な魂）と称される。西部インドのヴァイシャ（商人）のカーストに属する家に生まれ、ロンドン大学卒業後弁護士となる。南アフリカで人種差別政策の撤廃運動を指導。第一次世界大戦勃発後に帰国、国民会議派に加わり、非暴力・不服従による自治拡大・独立の実現に努めた。サティヤーグラハ（真理の主張）を指導、22 回の投獄をみた。自らチャルカ（糸車）を回し手織物を奨励し、また「塩の行進」を成功させ、不可触民（アウトカースト）を「神の子」としてその解放に努めた。イスラム教とヒンドゥー教の融和に腐心したが、1947 年インド連邦とパキスタンが分離・独立。1948 年狂信的ヒンドゥー教徒に射殺された。ガンディーにとって「サルボダヤ（万人の幸福）」は究極の目標であり悲願であった。宗教や教義、カーストや性別、貧富や社会的地位などに関係なく、万人が人間の平等に基づき、精神的・物質的に共に栄え、共に興隆することを目標とした。また世界の危機は大量生産・大量消費への熱狂にあるとして、欲望の抑制と知足の精神を説いた。（写真：ガンディー『知足の精神』、人間と歴史社、2008 より）

私することを開いていく

近代は人間に自己形成、自己建設を求めたけれど、日本人としての本質はさして変わらなかった。つまり、風土、歴史、文化、伝統といった「くに」の部分が、自己を自己たらしめる土壌であったことに大きくかかわっていたわけです。

「個人」という言葉は、実際のところは日本語には存在していないのではないか、という気がします。個人とは「一個の人間」ということで、そこに意味は存在しないからです。もし、風土や歴史や文化や伝統の意味を持たせた「個」を言い表そうとすれば、「ひとり」もしくは「私」というしかない。

戦後の教育基本法などで表現されてきた「個人の尊厳を重んじ」という言い方を日本人にしっくりくるようにいうならば、「私の価値を大事にする」ということになるはずです。「私の生命を守り」、「私の権利を大事にし」、「私の利益を追及する」となるわけです。戦後の日本人はそれによって元気を取り戻しました。

しかし、どうも日本人のミームでは、「私」を良い意味に感じないところがあります。私利私欲、私心、私闘、私腹……。それは私という字が、収穫したもの（禾）を独り占めする（ム）という意味からもわかるように、必ずしも良いことではないからです。

そこで、聖徳太子（五七四〜六二二）の「十七条憲法」にも述べられているように、その

「私すること（ム）」を「開いていこうとすること（八）」、それが「公」という字の表すところです。

ですから、本来、私は公と一対となって、「公私」のバランスを持って存在する価値観が、私たち日本人のあるべきパトリの状態なのだと思います。滅私奉公ではなく、私の生命も大事にするし、私の利益を得ることで元気も出る。そういった私と公がバランスよい社会でなければならないということです。

この相反する価値を同時に持つということは、何も日本人に限ったことではありません。たとえば、イスラム圏の貧しい国へ私が行ったとき、まだ小学生にもならない子どもが自分のパンを私に半分分けてくれました。「アラーの神のもとでは人間は平等である」という教えの表れです。

でも、そのパンは彼の大事な私です。しかし、そこに他者がくれば、私が「公私」へと変わる。それが砂漠という風土のなかで保たれている共通の道徳規範になっているのです。

ここに、見事に砂漠でこそ成立し得た文明（civilization）や市民（civic）意識を見ることができます。

世界にはそれぞれの風土を背負った人たちがいて、どの風土に生きる人々も「公私」をバランスよく持ちえているということへの認識が、じつは世界全体の救済になるのかもしれません。

「文明の衝突」という戦略構図は、「ハンチントンの罠」なのです。「アイデンティティを模索し、民族性を再構築しようとしている民族にとって、敵は不可欠なのだ」と一元的に定義し、「自国の外に敵をつくって、それを叩けば国民を一つにするのは簡単だ」という、ハンチントンの論理なのです。

これは必ず戦争を引き起こす戦略です。

現代のグローバルな世界のなかにあっては、多様な文化を持った「他者」に出会わざるをえない。それは文化を異にする「他者」であって、「敵」ではないのです。

ですから、その罠に陥らないためにも、天国へ向けがちだった目を、それぞれのふるさと（パトリ）に向けてゆくべきだと思います。

（『ぺるそーな』二〇〇八年八月号より改変）

ハンチントン

サミュエル・フィリップス・ハンチントン。1927～2008。国際政治学の世界的権威。イェール大学卒。シカゴ大学で修士号、ハーバード大学で博士号を取得。23歳の若さで同大学で教鞭をとる。ハーバード大学ジョン・オリン戦略研究所の所長を務めた。1977～1978年アメリカの国際安全保障会議で安全保障を担当。リアリズムを基調とした保守的な思想で知られる。その著『文明の衝突』（原題『文明の衝突と世界秩序の再創造』）で冷戦後の世界を描き、文明にアイデンティティを求める諸国家の対立が起きると予見、文明同士のブロック化が進む世界を分析した。とくに文明と文明が接する断層線（フォルト・ライン）での紛争が激化しやすいと指摘。この主張は世界各国で反響を呼び、彼の名を世界的なものとした。

「日本改造法案」の意図

北一輝

北一輝

きたいっき

（一八八三〜一九三七）

本名・輝次郎。佐渡の酒造業の長男として生まれる。1899年眼病のため帝大病院に入院（写真の右目は義眼）。1903年弟・?吉が早稲田大学に入学すると、そのあとを追うように上京、1904年早稲田大学の聴講生となる。1906年、23歳で大著『国体論及び純正社会主義』を著して発禁。1911年辛亥革命が起こると『時事月函』の特派員記者として上海に渡る。帰国後『支那革命外史』を執筆。1916年再度上海に渡る。このころから「一輝」と名乗る。1919年上海で『国家改造案原理大綱』（のち『日本改造法案大綱』と改題）を執筆。帰国後満川亀太郎・大川周明とともに猶存社を設立。1936年、2・26事件の理論的首謀者として逮捕。1937年東京陸軍刑務所で刑死。（写真：東京都立中央図書館所蔵）

三十四年周期説

今日のテーマは、「北一輝、そして日本のこと」であります。決めたのは昨年の秋、ちょうど私が岩波書店から出した『評伝　北一輝』の五巻本の評伝の最後のところを書いていたときだったでしょうか。それが終わって、十二月八日の（太平洋戦争）開戦記念日に、北一輝および長年の評論活動ということで司馬遼太郎賞をいただきました。

北一輝は「二・二六事件」の思想的指導者として昭和十二年（一九三七）に銃殺刑になっていますが、私があらためて北一輝について岩波書店から五巻におよぶ評伝を出したのは、北一輝という人物を通して昭和史を、いやもっと広く日本の近代史を考え直してみたいと考えたからです。

ここで私が描こうとしていたのは、右翼、ナショナリストの像でも、日本のファシストの像でもなく、革命的なロマン主義の原像でした。いわば「美しい革命」を心の中にかかえて、日本における天皇＝国家の現実を変革しようとした、北一輝です。

司馬遼太郎賞をいただいたあと、ある雑誌が私と北一輝のことを書いてくれましたが、そのなかで「三十四年周期説」というのを書いていました。

私が『若き北一輝』（現代評論社、一九七一）という本を書いたのは、まだ大学院生のときでしたが、それから三十四年たって司馬遼太郎賞をとったというのです。それからさかのぼって、北一輝が「佐渡新聞」に書いた論文「皇室対国民の歴史的観察」というのがあり、そのため佐渡新聞は不敬罪に問われるのですが、その後三十四年たった一九三七年に、北一輝は銃殺刑に処せられているのです。そしてその三十四年後の一九七一年に、私の『若き北一輝』が出るというわけです。

この「三十四年周期説」——。私の考えも及ばなかったことです。

度はずれた思想の持ち主

最初に北一輝のことを雑誌に書き始めたのは、昭和四十五年（一九七〇）の五月、そのとき私は二十四歳でした。

それを読んだ三島由紀夫さんが、私に会いたがっている、と編集者づてに聞きました。しかし、当時、私は二十五歳のナマイキ盛り、三島さんがああいう事件を起こして死ぬ人だと思っていなかったし、「三島何者ゾ」という気概もあって、会わずじまいだった。「松本は北一輝を介して三島と〝死の接吻〟を交わした」などと、当時いわれたりしました。

その掲載も年内に終わって、別に書き下ろしたものを翌四十六年（一九七一）初めに『若き北一輝』として出版しましたが、三島さんはその二カ月ほど前に亡くなりました。

もし、その前に北一輝をすべて書きつくすことができていたら、三島さんとは北一輝について語り合ってみたかった。北一輝や「二・二六事件」について議論した方々とも、『評伝　北一輝』全五巻を出したいま、もう一度話をしてみたいと思うけれど、みなさん亡くなっているので残念です。

私の考えでは、当時、北一輝にいちばん深い理解を示していたのは、三島さんです。三島さんの鋭敏な認識力には、ある種のすごさを認めざるをえません。

しかし、好悪となると別です。そういう北だから私は好きなのですが、三島さんは違う。三島さんの最後の作品、『豊饒の海』（新潮社）の第二巻「奔馬」に出てくる飯沼勲という主人公の思想として、次のように語る場面があります。

「北一輝の『日本国家改造法案大綱』は、一部学生の間にひそかに読まれてゐたが、勲はその本に何か悪魔的な傲りの匂ひを嗅ぎ取った。……たしかに青年の血気をそそつたけれども、さういふ青年は勲の求める同志ではなかった。」

――これは、三島さんの思想の反映です。北一輝という自立したネイション（国民）が天皇に「恋闕」（恋い焦がれる）する人物ではないと、最後のところでわかったからでしょう。

「北一輝の天皇観には、いささかの温たかみも人情味もない」

と、三島さんは書き残しています。

私にいわせれば、北一輝は、天皇というのは国家を運営する機関にすぎないと考えているのだし、人情味がなくて当然です。国民国家のために、いかに天皇制というシステムを使っていくか――。北一輝はそれを考えているのですから、当然です。

二・二六事件を北一輝は指導しているわけではありませんが、もし実際に二・二六事件を指導していれば、宮城のまわりを兵で取り囲み、誰も参内できず、天皇の言葉が外に漏れないようにして、「天皇はこういっておられる」というふうにいって革命を成功に導く、と北はいっています。

北一輝はそういう矯激な思想の持ち主です。だから三島さんからすれば、あんまり好きじゃないということになるでしょう。

現在のなかに未来も過去もある

ところで、あの京都大学から哲学科がなくなりました。京大の哲学科といえば、かの西田幾多郎（一八七〇〜一九四五）を輩出したところです。日本の唯一の哲学者といってもいい西田幾多郎の哲学科が京大から消える――。これは暴挙といわざるをえません。

西田哲学といえば、代表作は『善の研究』（一九一一）ですが、これについて私は『新潮45』という雑誌に書いたことがあります。それを読んで麗澤大学の副学長という方が、京都の精華大学で教えていた私のところへ、「西田哲学についての説明をいまの若い人にできるのはあなたしかいない」といって、ヘッドハンティングにこられた。

たしかに、西田の哲学は日本独自のものと私は考えていますが、言葉遣いがいかにもむつかしい。「絶対矛盾的自己同一」なんて言葉が出てきます。「自己同一」なんて何のことか、容易にはわからない。しかし、これ英語でいう「アイデンティティ」なんですね。

四年ほど前のことですが、衆議院の憲法調査会で話をしたことがあります。

そのとき、小池百合子さんに、

「『世界でいまアイデンティティ・ゲームが起こっている』と松本さんはおっしゃったが、アイデンティティというのは日本語では何といいますか？」

と聞かれました。じつにいい質問でした。しかも鋭い。

「日本語にはなかなか置き換えられないが、明治時代に西田幾多郎は『自己同一』という言葉を使っていました」と、そのとき私は答えました。

「私は私である。日本はこういうものである」

西田幾多郎
にしだ きたろう。1870～1945。石川県出身。京都大学教授。四高中退後、東大選科に入学、鎌倉の円覚寺などで参禅。1899年山口高校講師をへて四高教授となり、熱心に打座・参禅して〈純粋経験〉〈直接経験〉および〈絶対矛盾的自己同一〉など、のちの根本思想となるものについて思索を深めた。1911年『善の研究』を発表。東西思想の内面的統一を求めて「西田哲学」と呼ばれる独自の哲学体系を築きあげた。四高の同級に禅の研究の鈴木大拙がいる。（写真：京都大学日本哲学史研究室ホームページより）

これがアイデンティティです。それを西田は「自己同一」といいました。

では、「絶対矛盾的自己同一」とはどういうことか――。

「絶対に矛盾するものが、じつは同じものである」ということです。

そう簡単にいわれると、いよいよわからなくなる。私も最初に『善の研究』を読んだ十九か二十歳のころは、「こいつ何をいってるのか」という感じでした。しかし、三十五歳のころ読み返してみると、そんなにむつかしいことをいっているのじゃないんですね。

たとえば「図形の三角形と道徳」、これは次元が違うのだからくらべられない。しかし、白という色と黒という色は「絶対矛盾」である。政治家のなかにはシロをクロという人もありますが、白と黒は「絶対に矛盾」する。しかし、その白も黒も「色」ということでは本質において「同一」である、というわけです。少しもむつかしくない。

「永遠の今」という言葉があります。

日本人の時間の感覚として、そういうものがあります。

哲学的にいうと、これは「絶対矛盾的自己同一」です。

今は今、過去は過去、未来は未来――。西洋的時間感覚ではそうです。始まりがあり、終わりがある。

しかし、日本人は始めもなく、終わりもなく、「永遠の今」――。

こういう歴史感覚は日本独自のものといっていいものです。

この日本独自の哲学を考えるときに、「コメ」（米）の問題に還元して考えるとわかりやすい。日本人のアイデンティティは、コメである程度説明できるところがあります。

今年コメが穫れた。しかし、そのコメの命が来年のコメの命になる。いや、百年後、千年後のコメの命も、その中にある。ということは、今年のコメの命の中には未来があるということです。そして、今年のコメの命の中には去年のコメの命が潜んでいる。去年のモミから今年のコメが穫れたのですから……。

そういうわけで、百年前、千年前のコメの命が伝わっている。ということは、過去が現在の中にあるということになります。つまり、現在の中に未来も過去もある。「永遠の今」です。

そういうふうに噛みくだいてみると、西田哲学もそれほどむつかしいことをいっているのではない。日本独特の哲学を、そういうやり方で説明すれば若い人にも伝わる。ということで、私はいま麗澤大学で日本思想史というものを教えてもう十年になるわけです。

「私だけの北一輝にしたい」と思った

もう三十五年前、資料を探していて、北一輝が二十一歳のときに「卓堂」のペンネームで「佐渡新聞」に連載していた「国民対皇室の歴史的観察（所謂国体論の打破）」を国会図書館で見つけました。明治三十六年（一九〇三）六月二十五日に始まった連載ですが、

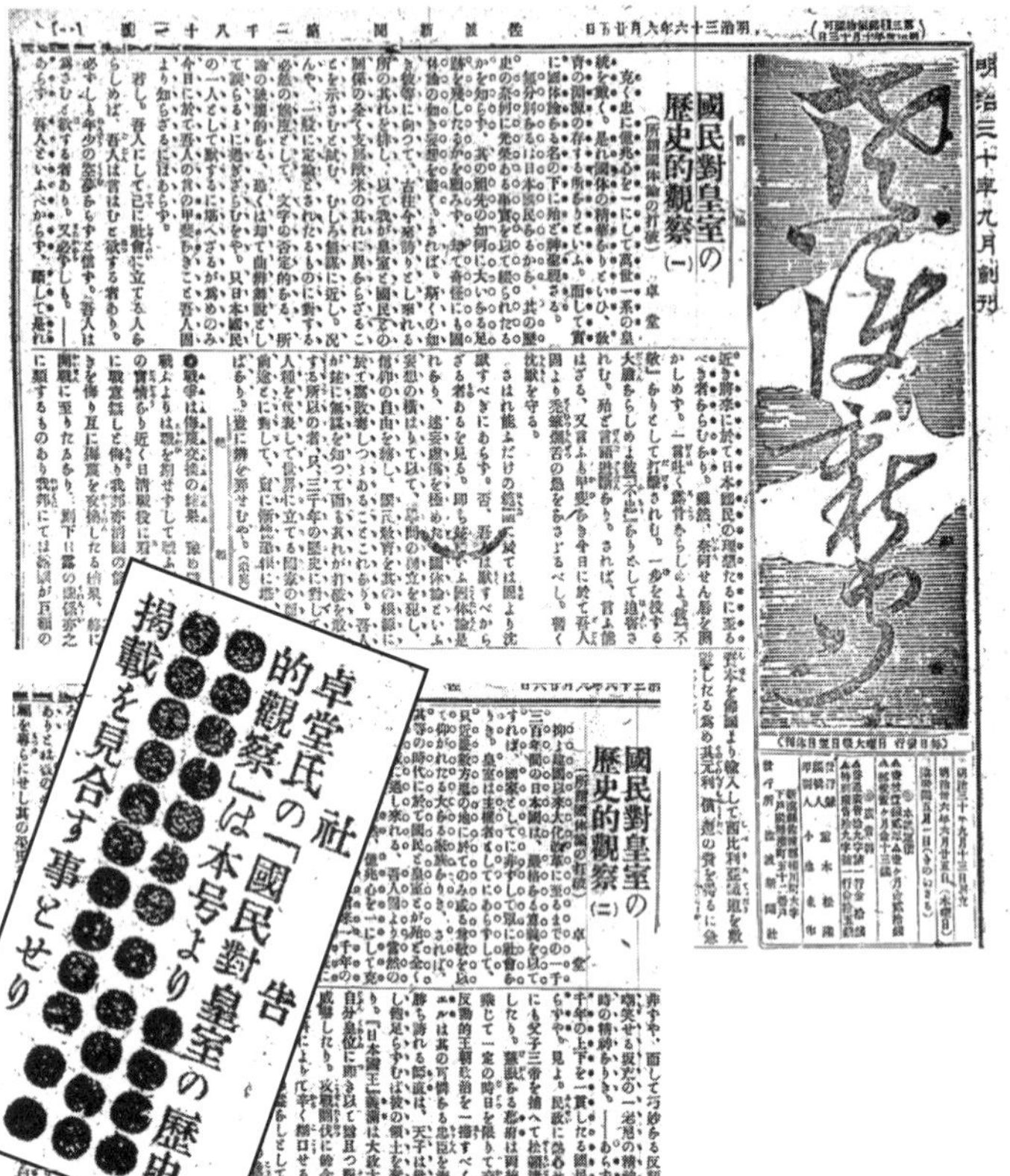

「佐渡新聞」に連載を始めた卓堂（北一輝）の「国民対皇室の歴史的観察（所謂国体論の打破）」の記事（一、二）と中止社告（明治36年6月27日付）

二日後の二十七日には連載が中止になっています。その中止社告も見つけました。

これを見たときは手が震えました。新聞を切り取って、「私だけのものにしたい。私だけの北一輝にしたい」と思ったほどです。

『若き北一輝』を書いたあと、全国の大学生の卒業論文に「北一輝」をテーマにしたものが一〇〇本ほども出てきたと聞きました。北一輝に対する共振が、当時の学生にはそれほどあったということです。

しかし、いまの大学生は北一輝について何も知らない。高校の教科書で「二・二六事件」をほとんど扱っていませんから、知らないのは当然です。二・二六事件が扱われていても、「北一輝」という名前は出てこない。出てきても「ファシストで銃殺刑になった」と書いているようでは、何の興味もわかないのは当然でしょう。

当時、〝大人〟たちは、「松本の書く北一輝は、右なのか左なのか、わからない」という言い方をしました。「はっきりさせよ」というわけです。

でも、北一輝は「右翼＝ナショナリズム」とか「左翼＝革命」とか、そういうところでものごとを考えた人ではありません。

北一輝の最初の著作、『国体論及び純正社会主義』は明治三十九年（一九〇六）に出ましたが、その思想完成したもののなかには二項対立図式はありません。その後、ロシア革命が起き、左翼全盛の時代をへて、世の中は二項対立の図式でものごとをとらえる時代になっていきますが、その〝ものさし〟で彼の思想を裁いたところで、裁ききれるものではないのです。

北一輝がナショナリストであることは間違いありませんし、戦後においては、「ナショナリスト」も「ナショナリズム」もマイナスイメージの言葉になりました。それは、第二次大戦を引き起こしたのは「国家主義」であるという定義が出てきたからです。

そのため、北一輝をナショナリストであるというだけで取り上げることが避けられてきたのです。けれど、社会が彼にイデオロギー的なレッテルを貼ることで、北に関する研究がだんだんやせ細っていき、非常に貧しい北一輝像がつくられていったように思います。

戦前においては、北一輝はある意味で、国体論の側から「国賊」の最たる人物だと目されていました。戦後は逆に、右翼、ファシストといったレッテルで、マイナス視された。

この評価のおかしさは、昭和二十年（一九四五）八月十五日で日本の価値観が大転換した結果、戦前においても悪であり、戦後においても悪であるということにあります。戦前に悪であるならば、戦後は善であるはずです。

つまり、戦前も戦後も、北一輝をとらえ切っていないで、イデオロギー的なレッテルを貼っただけだったということです。別の言い方をすれば、北一輝の思想をわかっていなかったということです。

こんなに魅力のある人物を、どうしてナマのままとらえてみようとしないのか――。

それが私を北一輝の研究に取り組ませたのです。

北一輝のアウラ

私が思う北一輝の魅力は、一言でいうと、光源を持っているということです。「マルクス主義においてあの人物はどうだ」「天皇がわが国の終極価値であるからあの人物はどうだ」——そういった基準を北一輝は必要としません。自分自身の革命観念が彼の中には光源として存在し、それを実現したいと思っていたのです。

北一輝よりも少し年上で、一時期、日本ナショナリズムを代表した政治結社「玄洋社(げんようしゃ)」の頭山満(とうやまみつる)(一八五五〜一九四四)が、「一人でいて淋(さび)しくない男になれ」といっています。何かによって規定されて自分がいるのではなく、自分の中に光源がある、自分の中に美しさの観念がある、これを実現せよということです。

もちろん、北一輝のように自分が光源となっている人でも、日本語という文化を持ち、日本の歴史を踏まえて、ナショナル・アイデンティティを引き受けているわけですから、そういう意味では、まったく自分が一人でものごとを考え出すことはありえないのですが、にもかかわらず、それらを踏まえた自分の中の光源に従って、「これが日本のあるべき姿だ」と表明し、そのあるべき姿と現実とを比較して、「変革しなければならない現実はこれだ」と、その革命イメージを実現しようとする。それこそがロマン主義です。

北一輝の革命綱領

一九六〇年代の初めに、『北一輝著作集』というのが出ます。『日本改造法案大綱』はその二巻に載っていて、そして三巻は私が編集して、それの出たのが一九七二年です。

当時、そういう本の解説はだいたい東大系の先生たちが書いていたのですが、この人たちの書くものがどう考えてもおかしいのです。評価の仕方がおかしい。

時代は冷戦構造のまっただ中で、世界は自由主義か共産主義か、米・ソという二つのパワーの対決の時代です。そして学者はというと、マルクス主義に影響された人が多かった。とくに東大はそうでした。経済学部でも、財政学から会計学という学科にいたるまで、マルクス主義を学んだ教授たちが教えている。ですから、共産主義が正しい世界観であり、それのめざすは世界革命で、そして正しい思想は共産主義革命をめざすというものでした。そうなると、北一輝はどう評価されるかといいますと、これは革命というものではなく、少し社会主義的な点もあるけれど、「エセ革命家」あるいは「疑似革命家」――。そういう評価でしかない。

北一輝の『日本改造法案大綱』がどういうところが社会主義的かというと、個人財産に制限を設けて百万円（今で換算すれば百億円くらい）までとしているところです。

なにしろ当時の自由主義というと、はてしない自由競争の結果として独占資本の一人勝ちで、富める者は財閥となり、貧しい者は首吊り自殺をしたり、娘を女郎として売られたりしなければならなかった。ことに昭和七、八、九年と東北地方は飢饉に襲われましたから、「二・二六事件」（昭和十一年、一九三六）のときは妹が女郎として売られるという兵士が多かった。

そういう貧しい老父母や妹たちをどうすれば救えるか――。

特権階級の解体を考えて、「二・二六事件」の青年将校たちは国家革新に立ち上がったといえます。

北一輝はそのように、社会主義的に金持ちを制限しなければいけない、自由競争バンザイではいけない。そんな「革命綱領」を大正八年（一九一九）の時点で書いています。

しかし、彼のおもしろいところは、そういいながらも、日本という国はどういう歴史を持っているか、日本人はどのようなアイデンティティを持っているか、戦前の言葉でいうと「国体論」を持っているかを調べたうえで、その否定の上にしか「改革はない」といっていることです。

コミンテルン（共産主義インターナショナル）が考えていたような、アメリカでも中国でもヨーロッパでも、それから日本でも同じ革命方式でいいとは考えない。日本には独自の文化、つまり民族の生きてきた道があるのだから、そういうものの上にしか革命というものは根づかない。そんな革命を考えなければいけない。

村の身売り相談所

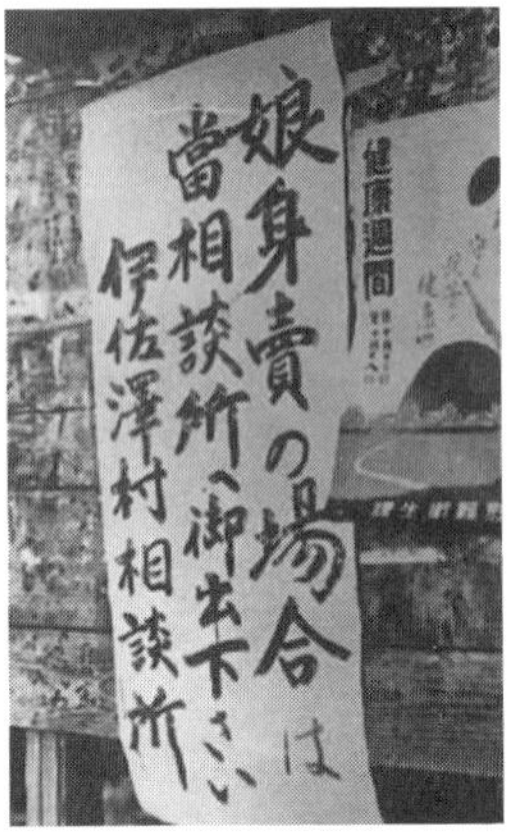

娘身売り相談の看板

救世軍に引き取られた少女たち

ですから、北一輝の最初の本は『国体論及び純正社会主義』というものでした。北一輝は社会主義の影響を受けてはいたが、それが日本ではどういうふうに可能であるかを考えたのが、最初の著作でした。

『国体論及び純正社会主義』をじっくり読むと、じつに簡単なことをいっているだけなんです。あるべき国民国家（ネイション・ステイト）をつくりだそうとした、それによって社会主義も実現する、ということなのです。

普通選挙という革命方式

北一輝は、明治十六年（一八八三）に生まれ、昭和十二年（一九三七）に処刑されるわけですが、明治十六年ころは、自由民権運動などで国民意識が育ってきた時期です。「憲法発布」は明治二十二年（一八八九）ですから、まだ明治憲法も成立していないし、議会もできていません。

そうして「明治」という国家が完成するのが日露戦争のころ、北一輝が二十歳のときです。つまり、「明治」という国家の完成期であり、近代日本という国家の青春期であり、そうした変質期に、北一輝はその革命思想を完成させたといえます。

司馬遼太郎さんが『坂の上の雲』（文藝春秋）で書いたように、日露戦争によって国民が自立して国民国家ができあがっていく。そのころに国民が生き抜いていくためにこの戦争を勝ち抜かなければならないのだという意識が芽生え、国民一人ひとりが国家の歯車となって歴史を押していったのだ、と司馬さんは見ています。

日露戦争の出征兵士の手紙が全国に二千通ほど残っていますが、「われわれは国家のために殉じていく」「子孫の生存のために国家を守る役目を持って出征する」という内容がほとんどです。司馬さんのいうとおりです。

ところが、戦争に勝った日本は、「天皇のために戦った戦争である」という神話がつくられていきました。自分たちが築いていったはずの国民の国家が、「天皇の国家」へと変わっていく。「天皇は神のごときものである」とさえいわれる。

日露戦争の開戦の詔勅（しょうちょく）は、「国際的な法律の範囲内においてあらゆる手段を講じて戦え」というものであり、これはロシアも同じでした。

ところが、そこで辛（かろ）うじて勝ったときに、それは国民の力ではなく、神である天皇と「軍神乃木」（乃木希典）「軍神広瀬」（広瀬武夫）の功績である、という規定になっていった。

そこで、明治維新革命の精神を自負する二十歳の北一輝は、「国民の国家であるべきだという意識がある」との考えのもとに、『国体論及び純正社会主義』を書きます。そこには、「われわれが神の国であり、外国は鬼畜である」というような序列づけなど、まったく存在しません。

天皇は国民の代表者として「国民国家をつくる」と宣言したはずではないか、明治維新革命によって国民国家という理念は打ち出されていると考え、デモクラシーも国民主権も明らかにされているにもかかわらず、現実には国民国家を歪めたり、何かで覆ってしまい、天皇の国家にしてしまっているのはおかしい、という観点から「普通選挙」という革命方式を主張します。むずしいことでも、何でもありません。

「国民一人ひとりに権利を与える『普通選挙』を実施せよ」

――それが、若き北一輝の革命の主軸だったのです。

ところがそれは、「天皇の国家」からすれば不敬(ふけい)であるとして、本の発禁や行動の自由を弾圧されるわけです。北一輝が狙いを定めた国体イデオロギー、「国体論」というものから復讐されたのです。

「国家の権利」は誰のものか

北一輝が理想とした「国民国家」とは、国民主権の国内体制と、国家の権利を有している主権国家です。「国家の権利」とは、対外的に「戦争をする権利」です。

つまり国民国家は、内部に向かっては国民主権であり、国外に対しては主権国家として国家主義になるわけです。

「ナショナリズム」という言葉の訳語の難しさが、ここにあるともいえます。国家主義にも、民族主義にも、国民主義にも、それは言い換えられるからです。

北一輝がナショナリズムによって「あるべきネイション・ステイト」をつくりあげようとしたその国家とは、国民主権であるとともに、国家としての権利である「開戦の権利」を有しているものです。戦後の「憲法九条」でもわかるように、この「国家の権利」は戦後においてもっとも忌避されたものです。

ところが、戦前は「天皇の権利」であるとして、「開戦の権利」は国家のものではなかった。これに対して北は、

「国民に国家の権利が与えられていないのは、民族が生き抜いていくための権利が奪われていることにほかならない」

と、主張します。ナショナリストとしては当然のことと思われます。

しかし、ごく当然のことをいっている北一輝が、天皇制国家から危険視された。そこにじつは、戦前も戦後も「あるべき姿」を見いだせていない日本の問題があると思うのです。

大日本帝国憲法の欠陥

昨年、北一輝の評伝五巻を岩波書店から出したとき、相当な分量ですから読まれないだろうと思って、中曽根康弘元総理にはお送りしませんでした。ところが、中曽根さんの情報キャッチ力はすごいですね。ある座談会の席で、「北一輝について話をしろ」といいました。

北一輝といえば二・二六事件の指導者であり、二・二六事件といえば、日本をファシズムに導いたキッカケの事件です。そんな歴史感覚がまだわれわれに残っている。

しかるに中曽根さんは、

「それと北一輝の関係はどうなのか、ぜひ話を聞かせて欲しい」

という。そういった感覚、「この人はすごいな」と思いました。

先ほど話した憲法調査会で講演したあと、私は斎藤隆夫（さいとうたかお）という戦前の政治家の評伝（『評伝　斎藤隆夫』、東洋経済新報社）を書きましたが、この人も中曽根さん的なところのある政治家でした。

「日支事変は、聖戦の美名に隠れた侵略戦争ではないか」

と、国会で堂々と軍部の批判をして除名された人です。

この斎藤隆夫が大正四年（一九一五）という時点で、

斎藤隆夫

さいとう たかお。1870～1949。兵庫県出身。1894年東京専門学校（現早稲田大学）卒。イェール大学に留学、公法・政治学を学び、帰国後弁護士となる。1912年国民党から出馬して当選、以後当選13回。卓越した弁舌・演説で軍部の政治介入を批判、1936年2・26事件直後の「粛軍演説」で陸軍を批判、1940年2月の議会では「反軍演説」を行なって支那事変処理を糾弾した。反軍演説により衆議院議員を除名。戦後日本進歩党を結成、吉田茂内閣の国務大臣を務めた。硬骨な自由主義者で、戦時下の反軍演説では国民のひそかな支持を得、親しまれた。（写真：国立国会図書館所蔵）

「大日本帝国憲法は独裁政治を招く危険がある。場合によっては君主独裁政治ができる」、そんな危うい憲法だと書いています。

むろん、天皇に独裁権があるとは書いていない。けれども、「大日本帝国は天皇これを統治する」とある。天皇に統治大権がある。実際は、その権限は国会にあって、国の予算を決めるのも国会である。しかし「不裁可権」というのが天皇にあって、「それはだめだ」と天皇がいえば国会で通った予算も成立しない。あるいは重臣たちが次の首相に誰々を推戴したいといっても、「その人は嫌いだ」と天皇がいえば、その人は首相になれない――というかたちで、

「天皇に独裁政治ができるような憲法になっている」

と、大正四年に斎藤隆夫は書いています。

統帥権独立の問題というのがあります。

「陸海軍は天皇だけが統帥している」と憲法にある。それを逆手にとったのが、たとえば満州国をつくった石原莞爾（一八八九〜一九四九）です。天皇に直属する陸軍のやったことに内閣は口を出してはならない、「統帥権干犯である」というわけです。

それが、政府の権力をないがしろにできる統帥権の問題点です。そういう「魔法の杖」を使って軍部独裁制に近い体制が実現してしまった。そういう危険性のある憲法だということを大正四年に指摘したのが、斎藤隆夫でした。

そこで、大正四年の時点で、あるいはその後の時点で、

「大日本帝国憲法にはそういった欠陥がある。だからこれを『不磨の大典』にせず、憲法改正を国会に上程しておくべきでしたね」

ということをいったのは中曽根元首相でした。それをいったのは中曽根さんが初めてだった。そのことを私は書きましたし、先の憲法調査会で話をしたときもいいました。

「もしそうなっていれば、軍が統帥権の独立を盾にとった満州事変も起きなかったし、日中戦争も起きていなかったかもしれない」――と。

軍部は戦争とはいわず事変といった

大正四年（一九一五）ころというのは、日本が対外的に大きな曲がりかどに立っていた時期です。憲法の欠陥もあらわになりつつあっただけではなく、のちの日中戦争のそもそ

石原莞爾
いしわら かんじ。1889～1949。山形県鶴岡出身。陸軍士官学校、陸軍大学校卒。1928年関東軍作戦主任参謀として満州に赴任。1931年満州事変を立案・実行し、満州の占領を実現、「満洲国」建国の立役者となる。1937年の盧溝橋事件を発端とする日中戦争が泥沼化することを予見、不拡大方針を唱えるが軍部中枢と対立。また東条英機との確執から予備役へ編入され、翌年立命館大学教授となる。強烈な日蓮信仰と欧州の戦争史の研究から「世界最終戦論」を唱え、東亜連盟を指導した。

三笠宮崇仁
みかさのみや　たかひと。1915～。幼名・澄宮（すみのみや）。大正天皇の第4皇子。お印は杉（すぎ）。学習院初等科・中等科をへて陸軍士官学校（辻政信が教育を担当）、陸軍大学校を卒業。太平洋戦争開戦後、1943年1月から44年1月まで「若杉参謀大尉」として南京の支那派遣軍総司令部に勤務。離任に際し、司令部全将校を前に「支那派遣軍の戦争目的が分明でない。すなわち、その名分が明確にされていない」「軍・政・経各般にわたる現地政策は、総じて事変処理に関する国家目的に合せず、また中国側民衆社会に苛酷で、非情な圧迫と収奪となって、全中国民衆の離反と抵抗を一層深刻にし、徹底的なものに追いやっている」「日本人は中国の歴史も知らず、社会を理解せず、異民族に対する寛容と融和の道を知らない」「日本軍は皇軍の真義と武士道精神を忘れ去って、覇道主義に陥っている」旨の訓示をしたという。その後大本営に転出。帰国後、戦争終結を模索し、津野田知重少佐らと東条内閣打倒のクーデター計画を企図するも、内容の過激さ（東条暗殺、主戦派大量粛清）に躊躇、みずから憲兵隊に通報し、未遂に終わる。戦後、東京大学文学部の研究生となり歴史学（オリエント史）を学んだ。日本オリエント学会会長を務めた。

【日中戦争】
1931年の満州事変に続く15年戦争の第2段階。1937年7月7日、北京郊外の盧溝橋で日中両軍が衝突、これを機に日本軍は華北への軍事作戦を本格化させ、国民政府の蒋介石は「満州失陥以来すでに6年、我々の忍耐も限界がある。戦いを求めるわけではないが、戦いには徹底抗戦あるのみ」との声明を発表、本格的な戦闘態勢に入った。近衛内閣はこれを「北支事変」と呼称、現地解決・不拡大方針を表明、宣戦布告のないまま日本軍は北京から上海・南京・広東へと戦線を拡大、全面戦争に突入した。これに伴い「支那事変」へと呼称が変わる。中国側は第2次国共合作を成立、国民政府も南京陥落後重慶に拠点を移して抗日戦を展開。1938年1月、近衛内閣は「国民政府を相手にせず」との声明を発表し、和平工作をみずから断ち切った。1940年、日本軍は和平工作として南京に汪兆銘政権（南京政府）を樹立、「親日反共」を唱えて同盟条約を結んだが民衆の支持を得られず、八路軍（中共軍）・新四軍による抗日戦が激しさを増した。1941年12月太平洋戦争に発展。1945年8月ポツダム宣言受諾により日本軍は国民政府に降伏した。盧溝橋事件当時、現地の日本兵の間では「七夕の日は何かが起こる」という噂が飛んでいたという。

もの始まりともいうべき「対支二十一カ条の要求」も出されました。

「中国への侵略、これが問題だ。これから間違いが始まった」

と、北一輝がいい、私は『日本の失敗 「第二の開国」と大東亜戦争』（東洋経済新報社、一九九八）という本でそのことを明確に書いておきました。あの泥沼のような日中戦争のそもそもの発端はここにある、と。


ところが、皇族でもそれをいっていた人がいます。

三笠宮崇仁（みかさのみやたかひと）殿下（一九一五〜）です。三笠宮殿下は陸大（陸軍大学校）を出られたあと、支那派遣軍の参謀として中国にいらっしゃった。そのときにはもう日中戦争がどうにもならない状態になっていた。三笠宮殿下は、本名でいらっしゃるのは憚（はばか）られて、「若杉参謀」と名前を変えられていた。


若杉参謀は中国で報告書を書いておられるのですが、その報告書に、

「この戦争は『無名の師』だ」

と、ハッキリと書かれた。名義のない軍隊派遣であるということです。

天皇は何の詔勅（しょうちょく）も出されていない戦争ですから名義がない。若杉参謀はこの報告書で、明晰な論理によって軍部の戦争拡大方針を批判しています。


かといって、軍部だって頭が悪いわけではない。そういうふうに批判される可能性も事前に察知していましたから、「戦争」とはいわず「事変」といっていた。変事が中国に起

こったので、軍を派遣しただけ、という意味です。

戦争は天皇の命令でなければやってはならぬと憲法にあり、「戦争」といっては憲法違反になる。そこで「日支事変」――。日本人の言葉の使い方がうまいのは、こんなところにも現われているわけです。

「日支事変」と呼ぶか「日中戦争」と呼ぶかはともかく、もとはといえば「対支二十一カ条の要求」がそもそもの発端ですが、その「要求」を、

「これは侵略政策だから間違いである」

と、最初にいったのは北一輝でした。とくに「対支二十一カ条の要求」の中の二点――。

一点は、中国への「軍事顧問の派遣」、「一、中央政府ニ政治財政及軍事顧問トシテ有力ナル日本人ヲ傭聘（ようへい）セシムコト」として、軍事顧問団を派遣させろという点です。

もう一点は、当時すでに多くの日本人居留民が中国にいましたから、その安全を守るために「警察官の派遣」を認めろという点です。これが問題で、極論すればこれは「占領」、すなわちオキュパイ（occupy）するということです。

これらの要求は、結果的にはアメリカの力で削除させられますが、こうした日本帝国主義的な侵略政策は、当時の帝国主義化していたナショナリズムから出てきたものです。

しかし、「中華民国」として建国（一九一二年一月）したばかりとはいえ、「もう他国に支配されるのはたくさんだ」ということで、「対支二十一カ条」に反対して排日運動が起

こり始め、それが学生・労働者など、中国国民各層を巻き込んだ「五・四運動」となり、中国共産党がつくられる。毛沢東も周恩来も「五・四運動」に加わっています。

こうして中国の近代化が始まるわけです。

したがって、北一輝も悩みます。

「日本の帝国主義的なナショナリズムを認めるのなら、中国の民族的なナショナリズムも認めなければならない。少なくとも中国に対して侵略政策はとるべきではない」

――大正五（一九一六）年の『支那革命外史』の中で、北一輝はそういっています。たとえ自国に利益になることであっても「不義をやってはならない」と考えたからです。

つまり、日本国家・国家主義を代弁している北一輝からすれば、「対支二十一カ条の要求」は国家主義にあてはまらないのです。そこで北一輝は、

「太陽に向つて矢を番ふ者は日本其者と雖も天の許さゞるところなり」

【対支二十一カ条の要求】
「対華21カ条の要求」とも。1915年1月18日、加藤高明外相が袁世凱大総統に5号21カ条から成る要求事項を提出。第1号は山東省の権益に関する事項、第2号は旅順・大連の租借期限ならびに南満州・安奉鉄道の租借をさらに99年延長することなど、第5号は中央政府に日本人の政治・財政・軍事顧問を置くことなどであった。その際、第5号事項を秘密にするよう要求。日本政府はイギリス・フランス・ロシア・アメリカ各国に第5号を除く要求事項を通告、中国政府は内容の漏洩工作と内外世論を背景に対処しようとした。結果、中国各地で日貨排斥運動が発生、列国の非難も高まり、日本政府は第5号を削除して最後通牒を通告、交換公文書が調印された。以後、中国全土で激しい抗日・条約廃棄運動が展開される。

【五・四運動】
1919年5月4日、北京の学生デモに呼応して起こった中国民衆の抗日・反日運動。ヴェルサイユ講和条約会議において日本の山東利権を承認していた中華民国政府の態度を不満として起こり、全国的大衆運動に発展した。写真はデモ行進する北京大学の学生たち。

張群
ちょう ぐん。1889〜1990。四川省生まれ。保定軍学校卒業後、蒋介石とともに日本に留学。1911年帰国し辛亥革命・第二革命に参加するも敗北。日本に亡命して陸軍士官学校を卒業。1926年蒋介石の北伐軍に参加、以後行動を共にする。共産党掃討作戦では計画立案を担当。1935年外交部長として満州事変後の対日交渉を担当した。（写真：wiki.ilzp.com より）

広田弘毅
ひろた　こうき。1878〜1948。東大卒業後、外務省に入省。玄洋社の一員。駐オランダ公使、駐ソ連大使、斎藤実・岡田啓介両内閣の外相を務めた。2･26事件後の1936年首相に就任。軍部の圧力に屈し、軍部大臣現役武官制を復活。従来の対ソ戦略の上に対英米の南進路線を強化、軍備大拡張を推進した。外交では日独防共協定を締結、華北分離工作を進めるなど準戦時体制を確立した。軍部と政党の対立から内閣は崩壊。1937〜38年第1次近衛文麿内閣の外相を務め、1945年和平工作のため駐日ソビエト大使・マリクと会談するも不成功に終わる。大戦後、A級戦犯として文官でただ1人絞首刑となった。（写真：国会図書館所蔵）

といって、「対支二十一カ条の要求」を批判するのです。

結局、中華民国は破壊され、第二革命が起こり、それが失敗してみんな日本へ亡命してくることになるのですが、そのときに北一輝の家に下宿していたのが、のちに国民党政権の外交部長となり、蔣介石政権のナンバー2といわれた張群（一八八九〜一九九〇）です。その外交部長（外務大臣）の地位に張群がいたとき、日中戦争のたけなわのときに、北一輝は戦争を収めるために、

「張群に会いに行きたい」

と岡田啓介内閣に要求します。ただ「日本の侵略政策は悪い」と外からいっていただけではないんですね。

かつて大隈重信首相の輩下にいた永井柳太郎（一八八一〜一九四四）、当時の斎藤実内閣ではたしか拓務相でしたが、その永井が外相だった広田弘毅（一八七八〜一九四八）に北一輝の要求した支那派遣をいうと、広田が、

「いまちょっと具合が悪い。もう少し待ってほしい」

といった。それが昭和十年（一九三五）の秋のことです。そして翌年（昭和十一年）、二・二六事件が起こり、それを指導したということで北一輝は処刑される。

北の計画では、昭和十一年の三月に南京に赴くことになっていましたから、もし、この中国渡航が実現していたら、北一輝は二・二六事件への連座からはまぬがれていたこと

になります。もちろん、北一輝がこの中国行きで国民党首脳に会ったからといって、満州事変（昭和六年、一九三一）以来の日中問題が一挙に解決に向かうなどという事態は、とうてい起こりえなかったのもたしかでしょう。

米機を撃つなら英機も撃て

北一輝の代理として張群のところへ行ったのが、中野正剛（一八八六〜一九四三）です。北一輝とは大正三年（一九一四）のころからの古い知り合いですが、思想的に同志というのとは違います。たしかに明治の社会主義者・幸徳秋水（一八七一〜一九一一）の周辺にいた人で、北の親友ですが、同志ではない。

中野正剛は「ファシスト」というレッテルを貼られて、再評価するのがなかなかに困難な人ですが、おもしろい人物であることに変わりはない。そして、一つの言葉でもって大衆の心をとらえてしまう人でもありました。

キーワードの使い方がうまい。さしずめ、幕末なら坂本龍馬や高杉晋作です。私にいわせたら、彼らは一種のシンガーソングライターです。高杉晋作は、

「三千世界の鴉を殺し　主と朝寝がしてみたい」

という都々逸をつくっています。三千世界、つまりこの世のカラスを全部殺してしまえば朝を告げるものがいなくなって、朝がきたのも知らずに寝ていられる。いまならさしず

め、「一緒にモーニングコーヒーを飲みましょう」というところでしょうか。

坂本龍馬は、「いろは丸事件」が起こったとき、

「船を沈めたその償いは　金をとらずに国をとる」

という歌をつくって、長崎の芸者たちの間に流行せました。長崎には紀州の藩邸もありますから、それを聞いて紀州の侍たちは青くなった。しかも一般の風潮が龍馬たちに味方をするようになると、ついに紀州は十万両を七万両にまけてもらい、賠償金を支払うことになります。

中野正剛はファッショといわれたが、なるほどナチスばりの親衛隊をつくり、彼らに黒い制服を着せて軍隊行進に近いことまでさせています。

しかし、「ファッショ」というのはラテン語で「薪の束」のことで、細い薪もあれば太い薪もあるのを、それをみんな一緒くたに束にしてしまうという意味です。

中野正剛

なかの せいごう。1886～1943。福岡県出身。早稲田大学卒。朝日新聞に入社し、護憲・反藩閥政治・反政友会の論陣を張る。1920年衆議院議員となり、以後当選8回。革新倶楽部・憲政会・立憲民政党などに所属。民政党時代党に遊説部長として永井柳太郎と臨時軍事費問題や張作霖暗殺事件を批判、反軍派政党人として名を馳せる。満州事変後、幣原外交・井上財政を批判して脱党、1932年国民同盟を結成。1933年「東方会」を結成、総裁となりアジア・モンロー主義的な外交運動を展開。日米開戦後東条英機政権と対立、1943年東条内閣倒閣の容疑で逮捕、釈放後割腹自殺。（写真：国立国会図書館所蔵）

そして、独占資本に協力している金融家がいるとすると、それを攻撃し、貧しい人たちに彼らが富を一人占めにしているのがいけないという。つまり、独占資本に協力しているブルジョア政治を打ち倒して国民全体のための政治に変える。そういう国家社会主義的な運動が、ファシズム運動でした。

第二次世界大戦で、ソロモン諸島の「ガダルカナル」という島で激戦がありました。「餓島（がとう）」といわれたぐらい、日本軍は食べるものがなく、戦うどころではなかった。結果は決定的な敗戦でしたが、それを東条内閣は大本営発表で「勝利、転戦」と糊塗（こと）し続けました。

それを中野正剛は徹底的に批判した。

彼の主催する「東方会」（一九三六年結成の政治団体。東条内閣の翼賛選挙を拒否、東条打倒を工作）のメンバーは百万人ともいわれ、当然兵士になった者もたくさんいたでしょうから、いくらでも情報は入ってきていました。そこで中野正剛は、

「情報は正しく国民に伝えるべきで、東条は倒されるべきではないか」

と批判し、結果としては憲兵隊に引っ張られ、自決に追い込まれることになるのですが、日比谷公会堂で野外演説会を開いたときのポスターがおもしろいのです。

「米機を撃つなら英機も撃て」

――時の首相の名は東条英機（一八八四〜一九四八）です。だからこれは「エイキ」では

なく、「ヒデキ」を撃てといっているのです。昭和十八年末のことです。そろそろアメリカ空軍の空襲が始まったというとき、アメリカの飛行機（米機）を撃つならイギリスの飛行機（英機）もやっつけろ。中野正剛もまた、シンガーソングライターになる資格十分です。

北一輝の同志に大川周明（一八八六～一九五七）という人がいます。

私は、この人こそ大東亜戦争の唯一のイデオローグ（理論的指導者）だと思っています。思想的にあの戦争を「アジア解放の戦争」と構想した唯一人の人、という意味です。

彼の言葉にこういうのがあります。

「敵、北より来たれば北条。敵、東より来たれば東条」

――北から、つまり元が攻めてきたとき、これを迎え撃ったのは時の執権・北条時宗（一二五一～一二八四）だったが、東から、つまりアメリカが攻めてくるときは東条英機が迎え撃つ。

東条英機

とうじょう　ひでき。1884～1948。陸軍士官学校卒。スイス・ドイツに駐在、関東軍憲兵隊司令官を務めた。1937年関東軍参謀長。1940年第2・3次近衛内閣の陸相となり、日米交渉では強硬論を主張。1941年10月首相に就任、組閣。陸相・内相を兼ね、12月8日真珠湾攻撃をもって太平洋戦争に突入。外相・文相・参謀総長などを兼任、独裁政治を行なう。サイパン島陥落の責任を問われ、1944年7月辞職。大戦後の1945年9月にピストル自殺を図るも未遂。A級戦犯として極東国際軍事裁判で絞首刑となった。（写真：国立国会図書館所蔵）

うまいセリフだと思いますね。しかも、この言葉にはもう一段階あるのです。「元冠の役」(一二八一)は、皇紀(紀元前六六〇年を元年とする)でいうと一九四一年にあった。昭和十五(一九四〇)年が皇紀二六〇〇年ですから、大東亜戦争が始まった二六〇一年は、西暦でいうと一九四一年——。同じ一九四一年だと。

北一輝の言葉もいい。

「革命は亡国と興国の間にかける一本の丸木橋なり」

国民に銃を向けた国民軍

大正四年ごろから大正八年というのは大正バブルの時代で、つまり第一次世界大戦に日英同盟ゆえに参加して大儲けしたから「もっと利権が欲しい」「領土も欲しい」、そうなれば資源にも恵まれて国はどんどん発展するという、テリトリー(領土)ゲームの戦略であった時代です。

日本が、中国における利権をもっと持ちたい、と考えるようになったのは第一次世界大戦で「勝ち組」に入ってからです。その時点で、日本は「五大国」と呼ばれるようになったのですが、一九一七(大正六)年、第一次世界大戦の最中に「ロシア革命」が起こり、ロシアにボルシェヴィキ政権が生まれ、共産主義国家ができます。「赤化」という言葉が生まれ、「アカ」と呼ばれました。

その勢力がアジアにくるのはまずい。世界に革命が飛び火しないようにしなければいけない――。

そこで、大正七年（一九一八）、日本は「シベリア出兵」を決めます。

決めた瞬間にコメの値段が上がりました。国外でもコメを消費することから、「コメの値段が上がる」と見越した独占資本家たちが暗躍し、コメの買い占めに走りました。自由競争だからある意味で当然でしょうが、そのためにコメの価格が一挙に三倍になってしまい、そこで「コメ騒動」となるのです。

最初は女性がやりましたから、別名「女一揆」といわれました。「富山の女一揆」に始まり、そこから大阪に広がり、全国的なコメ騒動になっていきます。家庭を守る女としては、「コメの価格が三倍にもなれば食ってはいけない」と主張するのは当たり前です。

このコメ騒動のとき、女一揆のとき、何があったか。そのとき国民軍は何をしたか――。

大川周明
おおかわ しゅうめい。1886～1957。山形県出身。国家主義運動の理論的指導者。東京大学哲学科でインド哲学を専攻。卒業後、満州鉄道に勤務。1919年北一輝・満川亀太郎らとともに国家改造を目指し「猶存社」を結成。1925には行地社を創立。啓蒙活動を行なう一方、桜会（国家改造を目指す陸軍将校の結社）に接近。3月事件（陸軍中堅将校のクーデター計画）、10月事件（1931年10月の軍部急進派によるクーデター計画）に関与。5・15事件（1932年5月15日に起こった海軍急進派青年将校を中心とするクーデター事件。犬養毅を射殺）に連座し検挙。釈放後は法政大学教授を務め『米英東亜侵略史』（1942）を刊行、大東亜戦争の世界史的意義を著す。1945年A級戦犯に指名されたが、東京裁判の公判中精神障害を起こし免訴、釈放。

【シベリア出兵】
1918年（大正7）8月、ロシア革命の干渉を目的として、日本・イギリス・アメリカ・フランスがチェコスロバキア軍救出の名目でシベリアに出兵、交戦。日本はこれを機にシベリア進出を企て兵力を派遣、9月上旬ハバロフスクを占領、10月には東シベリア一帯を占領し、11月には協定をはるかに上回る7万3000の大軍に膨れ上がった。1920年にイギリス・アメリカ・フランスが撤退。しかし日本は出兵目的をチェコ軍救援から居留民保護と朝鮮・満州への過激派の脅威防止に変更し駐兵を継続した。このため国際的不信が集中し、国内批判も高まったことから1922年10月撤兵を完了した。シベリア出兵は日米関係の悪化を招き、日ソ国交回復の妨げとなった。写真はウラジオストクでパレードを行なう各国軍（写真：nortvoods.net/rrs/siberiaより）

【コメ騒動】

第1次世界大戦後の1918年（大正7）、日本の資本主義経済は急速に発展、その一方で物価が高騰、政府の米価調整失敗とシベリア出兵を見越した地主と米商人の投機買占めにより米価が急激に上昇。18年の春には1升24銭だった内地米が8月には50銭となった。こうした状況下の7月23日、富山県魚津市で漁民婦人たちが同県産米の県外移出阻止運動を起こしたのを皮切りに、同県各地で大衆行動が続発、コメ騒動は急速な勢いで全国各地に波及した。米屋に米の安売りを要求、米の投機商人・米穀取引所を始め高利貸や地主なども群衆の襲撃の対象となった。政府は警察・軍隊を出動、鎮圧にあたったが9月19日までに1都3府32県、約500カ所に発生、直接参加者は推定70万人。自然発生的な蜂起として近代日本が経験した初めての大衆闘争であった。寺内内閣は崩壊した。写真は岡山のコメ騒動。（『目で見る岡山の大正』日本文教出版より）

シベリアに出兵して外へ銃を向けるはずのものが、コメ騒動を起こした国民に向けられたのです。そのとき、大川周明は、

「外へ銃を向けるのは国益を守るために当然のことであるが、国民に銃を向ける国民軍とは何か」

――と糾弾し、軍隊の改革と同時に、そうした命令を下す国家を改革しなければならない、と言明しました。

そこで大正八年八月八日、大川周明は唐津（佐賀）を出航して、上海にいる北一輝のところへ行くのです。「八・八・八」だから、よく憶えています。

あの「太陽に向かって矢をつがう者は、日本其者（そのもの）といえども天の許さざるところなり」を読んでいた満川亀太郎が、「北一輝なら国家改造の本を書いてくれるに違いない。彼なら国家改造運動の指導者になってくれるだろう」と考えて大川を派遣したのです。

つまり、この三人がそろったとき、「猶存社（ゆうぞんしゃ）」（一九一九設立）という国家改造運動の組織ができた。そして、その思想の中心に北一輝がおり、それが『日本改造法案大綱』だったというわけです。

仮想敵国はアメリカとロシアに二分

満川亀太郎（一八八八〜一九三六）という名はいまはほとんど忘れられていますが、大正

十年（一九二二）に『奪はれたる亜細亜』を書いた人です。

北一輝の『支那革命外史』と同じように、「日本の進む方向がどうもおかしいのではないか。そしてそれはヨーロッパがアジアから領土を奪ったその後ろに日本はくっついているのにすぎないのではないか」ということを、満川はいっているのです。

その満川亀太郎の本（『奪はれたる亜細亜』）の第八章、それが最終章ですが、そこで彼は「日米戦うべきか」といっています。大正八年の時点ということに注意してください。その時点で、必ずや次の戦争は「日米戦争」だと満川はいっているのです。

アメリカは日露戦争のあと、すぐに日本を「仮想敵国」にしています。日本が日露戦争に勝ったのは明治三十八年（一九〇五）ですが、その二年後には、日本はアメリカの仮想敵国になる。ところが日本はというと、アメリカは日露講和条約の仲介役になってくれた「いい国」であるとして、仮想敵国といえば相変わらず「ロシア」なのです。ロシアがいつ復讐しに襲ってくるかわからない、という恐怖感があった。とくに陸軍です。

大正八年（一九一九）、陸軍の仮想敵国はロシアだったたが、このときから海軍のポテンシャル・エネミー（仮想敵国）は「アメリカ」に変わり始めます。これは江藤淳（評論家。本名・江頭淳夫。一九三三〜一九九九。自殺）さんの有名な本、『一族再会』（講談社）にも出てくる話です。

『一族再会』は、江藤さんのいわばルーツを探るというのがテーマですが、江藤さんのおじいさん（江頭安太郎）が海軍中将で、彼が大正八年のころから「潜水艦で戦う日米戦争を想定しだした」というくだりがあります。

具体的にこれを指揮したのは海軍の加藤寛治（一八七〇～一九三九）という人です。昭和五年（一九三〇）のロンドン軍縮条約で、米英日の戦艦保有率が「一〇対一〇対七」の割り合いで決まったとき、「統帥権干犯」問題で事件を大きくした人です。この人が大正八年に潜水艦の日米海戦を考え始める。

同じころ、空中戦を考え始めるのが山本五十六（一八八四～一九四三）です。ところが、かわいそうに山本五十六は大東亜戦争が始まったとき、空母を持ってはいたけれども、皮肉なことに「大和」とか「武蔵」とか空中戦を想定したのではない大艦巨砲主義の連合艦隊司令長官になる。悲劇といっていいでしょう。

ともかく、大正八年に、明確に陸軍と海軍で仮想敵国が別々になる。こういうことは国

満川亀太郎

みつかわ かめたろう。1888～1936。大阪出身。1907年早稲田大学に入学し『民声新聞』主筆。2年後早稲田大学を中退し日本大学に入学するも、のち退学。その間『海国日報』主筆となる。『大日本』編集者をへて、老壮会結成。1919年北一輝・大川周明らと「猶存社」を結成、アジア主義に立脚した国家改造運動を推進。1921年『奪はれたる亜細亜』を出版。1923年「猶存社」解散。1925年行地社結成（のち脱退）。1933年拓殖大学教授。1935年『三国干渉以後』刊行。北・大川らをはじめとするアジア主義者・国家主義者・政界・官界・軍部だけでなく社会主義者やデモクラットらとも幅広い親交を結んだ。

としてあってはならないことです。結果として、陸海軍の間で利権争いが起こります。大蔵省と通産省が喧嘩(けんか)するようなものです。国が二分される。

「それはおかしい」

ということを大正十三年（一九二四）の時点で、『ポテンシャル・エネミー（想定敵国）』という本を書いて指摘したのが、戦後、共同通信の社長になった伊藤正徳(いとうまさのり)（一八八九～一九六二）という人です。

「国会でその議論をするのは敵を少し利するが、しかし、どこを仮想敵国にするかを国民に明らかにし、国を一つにして敵に向かうのが本筋ではないか。にもかかわらず、陸海がバラバラでは国家が成りたたないではないか」

と、この本には書かれています。

同じ大正八年、猶存社の満川亀太郎は「シベリア出兵」を痛烈に批判しました。

「共産主義、ボルシェヴィキ政権は認めないとする大隈重信(おおくましげのぶ)内閣のシベリア出兵という外交は認めない。相手が共産主義であっても、正しい政治で国交を求めれば平和は保たれる」

――右翼の反政府運動でした。

「アメリカとは戦うな」といったリアリスト

むろん、『日本改造法案大綱』を書いた北一輝はナショナリストです。

しかし、このナショナリストは非常なリアリズムを持っていました。

あの時代に、北一輝は、

「日米戦争だけは絶対にしてはいけない」

と言い切っていました。これは昭和七年（一九三二）と十年（一九三五）の建白書に書かれています。

ワシントン海軍軍縮条約で、英・米・日の戦艦の保有量の割合が「一〇対一〇対六」となっていたのを、「一〇対一〇対七」にしたいと主張したのは軍令部長の加藤寛治海軍大将で、

「七になれば絶対に勝てる」といったのは加藤寛治でした。

「絶対に勝てない」といったのは北一輝でした。

加藤寛治の「勝つ理由」はこうです。

加藤寛治
かとう ひろはる。1870～1939。福井県出身。海軍兵学校、海軍大学校卒。1894年日清戦争に従軍。1904年戦艦「三笠」砲術長として日露戦争に参加。山本権兵衛に見いだされ、軍令部系の要職を歴任。1909年イギリス駐在武官、1920年海軍大学校校長。1921年ワシントン会議に海軍首席随員として参加。主力艦対米比率7割を主張し、軍縮賛成派の首席全権加藤友三郎と対立。1930年のロンドン軍縮会議においても巡洋艦対米7割を主張、強硬に条約の妥結・調印に反対、統帥権干犯問題を起こし軍令部長を辞職。以後海軍内の条約不満派の中心人物となり軍備増強・軍縮条約離脱に道を開く。海軍大将。

日米戦争が起こったとき、雌雄を決する海戦はフィリピン沖あたりで行なわれるだろうが、そこまでアメリカの海軍が出てきたときは、必ずや「一〇」の力が「七」くらいになっているだろう。ゆえに日本に「七」の力があれば勝てる。

北一輝の「勝てない理由」はこうです。

もし、アメリカと戦争を起こせば、イギリスも相手にしなければいけなくなるだろう。海における米・英――。また、日本と対立している中国はアメリカ側につくだろう。そして、日露戦争で負けたロシアも虎視眈々と日本に反撃する機会を狙っている。陸における露・支――。「対米戦争」は対英・中・露という世界戦争に発展してしまう、日本は世界を敵にまわすことになる。

そういう北一輝に対して、加藤海軍大将はこういったという。

「国に殉ずるのみ」

そこで北一輝いわく、

「海軍が殉じても、日本を海軍に殉じさせるわけにはいかない」

――加藤海軍大将は無言だったという。

北一輝にすれば、海軍は一死をもって国に殉ずればいいのかもしれないが、「わが日本は一死をもって海軍に殉ずることはできない」ということだったでしょう。にもかかわらず、現実にはその危惧した方向へ進んで行きます。覚悟だけでは戦えないということです。

そういうことが二・二六事件の起こる前、昭和七年と十年に、北一輝の建白書に書かれているのです。

あの時点で、かくも具体的に日米戦争に言及した人はほかにいません。ですから、北一輝をたんに「ファナティック」とか「右翼」といったレッテルを貼って見る人々は、こうした北の非常にリアリスティックな側面というものを見ていないのだと思う。

戦争が終わってみると、「こんな無謀な戦争はないと思った」とか「日本は破滅へ向かったと思った」という人ばかりです。事後にいったのではダメなのです。いや、事前にいってもダメだった。

「それならば」と北は死刑を願った

北一輝は『日本改造法案大綱』というクーデター計画の大綱を書いたために、二・二六

山本五十六
やまもと いそろく。1884～1943。新潟県出身。旧長岡藩士高野貞吉の六男で、山本家の養子となる。海軍大学校卒。1919年アメリカ駐在、ハーバード大学に学ぶ。1930年ロンドン軍縮会議に専門委員として随行。1936年米内光政海相の次官となり、日独伊三国同盟の締結に反対。1939年連合艦隊司令長官、1940年海軍大将。太平洋戦争で海軍の総指揮をとり、真珠湾攻撃・ミッドウェー海戦などの作戦を実施。1943年ソロモン諸島ブーゲンビル上空で戦死。死後元帥。「やってみせ、言って聞かせて、させてみて、褒めてやらねば、人は動かじ」を座右の銘とした。（写真：国立国会図書館所蔵）

事件の「黒幕」にされ、「首魁（しゅかい）」として昭和十二年八月十九日に処刑されます。

一方、二・二六事件で重要な役割を演じた眞崎甚三郎（まさきじんざぶろう）（一八七六〜一九五六）という陸軍大将は、青年将校たちに「やれ、やれ」とたきつけておきながら、決起軍を反乱軍と規定して「討伐したい」という天皇の意志がわかった瞬間から保身に走り、

「私は彼らに何もいっていない」

と言い張った。

しかし、彼の日記を見ればすべては明らかで、二・二六事件の前、眞崎は、決起の決意を固めつつあった磯部浅一（一九〇五〜一九三七）に面会して、「決して悪いようにはしない」というような思わせぶりを見せておきながら、その一方では、「反乱を支援した」という言質（げんち）をとられぬよう、じつに巧妙に逃げも打っているのです。

事件当日（二十六日）の朝、占拠された陸相官邸に眞崎が現れます。それを磯部らが迎えると、眞崎は「とうとうやったか。お前達の心はヨヲッわかっとる。ヨヲッーわかっとる」という決定的な迷文句を吐きます。この一言が、青年将校たちに、「決起は上層部に受け入れられた」かのような、誤った状況判断を抱かせてしまう。私は『評伝　北一輝』の中にそのことを書きました。

眞崎はほどほどに人望があったにもかかわらず、彼を慕ってくる人々を、みずからの保身のため次々と裏切っていくのです。決起軍からの首相就任要請を受け、その線で動きな

がら、事件進行中、その態度は終始あいまいなままでした。

それに対して北一輝は、

「思想は彼らとは異にするが、私の思想で彼らが道を間違えたというのなら、彼らといっしょに処刑して下さい」

といって、自分の思想的影響下にある青年たちの行動のすべてを引き受けた。

――彼らの行動を引き取ってやれる思想家がいなければならない。行動と思想はそういう関係にある。

「それならば」

と、北一輝はみずから死刑を願ったのです。

「ああ安心」――というのが軍部の本音だったでしょう。軍部は最初から、純真な青年将校たちを外部からそそのかしたとして、北一輝を死刑にしたかったのです。

眞崎甚三郎

まさき じんざぶろう。1876～1956。佐賀県出身。陸軍大学校卒。1932年参謀次長に就任。荒木貞夫陸軍大臣とともに天皇親政による国家革新を図る皇道派を結成。軍中央による統制により国家改造を図ろうとする永田鉄山少将を中心とする統制派と対立。永田によって教育総監を更迭され、このため皇道派の相沢三郎中佐が1935年8月、陸軍省内で統制派の軍務局長永田を斬殺（相沢事件）、2・26事件の誘因となった。反乱幇助で軍法会議に起訴されたが関与を否定、1937年の判決で無罪となる。戦後、戦犯として2年間収監。眞崎の公判を担当した裁判官・小川関治郎氏はのちに『ある軍法務官の日記』（みすず書房）のなかで、「お助けください」と裁判官にすがりつく眞崎の姿を描いている。

反乱軍の本拠、山王ホテルを警備する鎮圧部隊

【二・二六事件】
1936年2月26日、陸軍部内の統制派・皇道派の対立抗争のもとで、北一輝の影響を受けた皇道派青年将校らが直接行動による国家改造を企図。歩兵第1・第3・近衛歩兵第3各連隊約1400余名が出動、首相官邸・警視庁を襲い、斎藤実（まこと）・内大臣、高橋是清・蔵相、渡辺錠太郎・教育総監らを殺害、鈴木貫太郎・侍従長に重傷を負わせた。翌日戒厳令が敷かれた。28日に「原隊復帰」の奉勅命令が出され、29日無血で鎮定した。首謀17名とともに北一輝・西田税（みつぐ）も処刑された。これを機に統制派による粛軍が行なわれ皇道派を一掃、岡田内閣は倒れ、広田弘毅内閣が成立。以後、軍部は政治的発言力を強化した。

若殿に兜とられて負け戦

「二・二六事件」のあと、囚(とら)われの身となり、死刑を待つ獄中で、北一輝は、

「若殿に兜(かぶと)とられて負け戦(いくさ)」

という句を詠(よ)みました。

北一輝の敬愛する明治天皇から見た、「朕(ちん)カ子孫」である昭和天皇を、「若殿」と表現しています。

そして、二・二六事件をもってしても崩れることのなかった天皇制、それを最後のところで支えたのが「若殿」だったことを認め、軍隊つまり「兜」を最後のところでその若殿に奪い返された、と詠んだのです。これは、ある意味で北一輝の辞世の句でもあります。

二・二六事件は、大権私議(たいけんしぎ)であり、統帥権干犯(とうすいけんかんぱん)であるといわれてもしかたのない側面もありますし、クーデターを起こした青年将校たちの思想的根底にあったのは、「天皇機関説」のもとに国民の国家を実現するという、北一輝の『日本改造法案大綱』でした。

しかし、あのときの国家のありようを考えると、国民の六割が農民で、その多くが苦しんでいたときに行動しないような軍人は、国民のことを考えているとはいえません。しかも、将軍たちが自分のために軍隊を使っていたのに対して、天皇の軍隊を国家のために使うことを考えていたのは、むしろ昭和天皇だったのです。

昭和天皇は天皇機関説でもかまわないと考えている君主でしたから、重臣たちが現実に即して政治をやってくれればいい、と考えていたのです。ですから、二・二六事件がその重臣たちを殺したという事実に対して、政治的に理性の判断をした昭和天皇は正しかった、と思います。

そうではあるけれども、「天皇の国家」によって国民がいかに苦しんでいたか、農村がいかに疲弊していたか、つまりは国家がいかに間違った方向に進んでいたかということを直覚的にとらえていたのは青年将校であり、それを応援していた北一輝であると思います。つまりは「兜」を天皇は理性で取り戻そうとし、北一輝は国民革命のために使おうとした。青年将校を間に挟んで綱引きをしている構図がそこに読み取れるわけですが、その意味で「昭和史」は、昭和天皇と北一輝とが対峙していたといえるかもしれません。

北一輝は、一社会民主主義者として、「佐渡中学生に与ふ歌」というのを残しています。後輩たちに宛てたその中に、こういう一節があります。

「ツアールもカイゼルも
而して……　（言ふべからず！）
霊火一閃、胸より胸に、
罪悪の世は覆へる、——地震のごと。」

ツアールはロシア皇帝のこと、カイゼルはドイツ皇帝のことです。

では、「……」のところは誰か――。しかも、（言ふべからず！）とまである。

それは当然、「日本天皇」のことです。しかし、これは口に出してはいけない。それを革命するといえば、それだけで反乱罪に問われますから。

北一輝は明治天皇を尊敬しつつも、その天皇を現人神（あらひとがみ）とするような国体論には断固として立ち向かったのです。

北一輝の改造法案は七割実現した

ひとつ付け加えておきたいことがあります。

『日本改造法案大綱』の巻一は「国民ノ天皇」です。

明治の国体論では、「天皇の国民」であり、「天皇の国家」でありました。北一輝はそれををひっくり返したのです。そしてそれは戦後憲法の「天皇の地位は国民の総意にもとづく」というものに非常に近いものです。

今日では、「国民の天皇」を過激であるとか、不敬の徒であるとして弾圧されることはありません。しかし、北一輝はそうした弾圧を受け、忌避（きひ）され、反国家の徒として処刑され、またその汚名を着せられました。

だから、三島由紀夫はいっています。

「北一輝の『改造法案』の七割方が戦後憲法で実現している」

――と。

三島さんは『日本改造法案大綱』の七割方が実現されたという事実を、次のように具体的に述べています。

「私は以前にも述べたが、北一輝が『日本改造法案大綱』で述べたことは、新憲法でその七割方が皮肉にも実現されたという説をもっている。

その『国民ノ天皇』という巻一は、華族制の廃止と普通選挙と、国民自由の回復を声高に歌い、国民の自由を拘束する治安警察法や新聞紙条例や出版法の廃止を主張し、また皇室財産の国家下付を規定している。

これはすべて新憲法によって実現されたものであり、また私有財産の限度も、日本国民一人の所有しうべき財産の限度を三百万円とする、と機械的に規定したが、実質的には戦後の社会主義税法により相続税の負担その他が、おのづから彼の目的を実現してしまった」

このように、『日本改造法案大綱』という革命綱領が示したことは、戦後の憲法によってその八、九割が実現されてしまっているのです。「国民の天皇」をはじめとし、華族制の廃止、独占禁止法、普通選挙、言論・出版の自由、女性の権利、少年の深夜労働の廃止など、まさに三島さんのいうとおりです。

ただひとつ、戦後の日本でネグレクト（無視）されたのが、「国家の権利」でした。「国家の権利」とは何か——。それは戦争をする権利です。

北一輝は『日本改造法案大綱』の巻八で次のように書いています。

「開戦ノ積極的権利。国家ハ自己防衛ノ外ニ不義ノ強力ニ抑圧サルル他ノ国家又ハ民族ノ為メニ戦争ヲ開始スル権利ヲ有ス」

といって、その「開戦権」が国家の根本的要件であると主張しました。しかし、戦後の憲法にはそれはない。三島さんの戦後日本（憲法）への反発、不服従の理由もそこにあります。

三島由紀夫

みしま　ゆきお。1925～1970。本名・平岡公威（きみたけ）。学習院高等科をへて東京大学法科を卒業。日本浪漫派の影響を受けて文芸に親しみ、19歳のとき短編集『花ざかりの森』（1944）を刊行。『仮面の告白』（1949）で注目を浴び、以後『愛の渇き』『禁色』『潮騒』『金閣寺』（1956）『橋づくし』など古典主義的な美意識に基づいた多くの作品を発表。『憂国』『英霊の声』『豊饒の海』（1965～1970）などを発表し、秩序と神話を志向、純粋日本原理を模索した。1970年11月25日、自らの組織する「楯の会」の会員4人とともに東京・市ケ谷の自衛隊に乱入、決起を訴えたが果たさず、割腹自殺した。事件は衝撃を与え青年7人が後追い自殺した。劇作家としてもすぐれ『鹿鳴館』『サド侯爵婦人』などの作がある。

しかし、北一輝の思想の根幹は国民国家・国民主権であるために、天皇が大権をもって政治を取り仕切った明治憲法の解釈とは異なり、戦争の権利も、外交の権利も、財政の権利も、すべて国家の権利であり、天皇はそれを代行しているにすぎないとする「天皇機関説」は、「天皇は神であってほしい」と願っていた三島さんからすれば、「悪魔的な傲り」と読めるわけです。

そうした「天皇観」の違いが、国民国家を実現するためにクーデターを起こすのか、天皇のもとに死んでいくために行動を起こすのか、そこの違いとなってくるのです。しかし、いずれにせよ、北一輝の精神的内奥を適確にとらえていたのは、やはり三島さんでした。

「昭和史の薄暗がりには、すべて北一輝という片目の青い顔をした人物がいた」

——これは、北一輝が「昭和史」全体をにらんでいたことへの畏れからでしょう。

私は、北一輝の眼はいまも日本を、この社会をにらんでいると思います。

（二〇〇五年三月十三日、第二回『ぺるそーな』セミナー講演に加筆・改変）

抵抗としてのアジア

竹内好

竹内好　たけうちよしみ（一九一〇〜一九七七）

評論家、中国文学者。長野県出身。東京大学支那文学科卒。在学中に武田泰淳らと「中国文学研究会」を結成、官学化した漢学・支那学を批判、中国現代文学研究の基礎を築く。1943年陸軍に応召され、中国で敗戦を迎える。応召前に書いた『魯迅』が最初の出版。戦後は『現代中国論』『国民文学論』など、中国文化と比較しての日本文化・近代化批判を展開。民族の独立や思想の土着性を重視し、近代日本思想史の検討や国民文学論を提唱して大きな影響を与えた。1953年より都立大学教授となるが、日米安全保障条約強硬採決に抗議して1960年辞職。橋川文三らと「中国の会」を結成、雑誌『中国』を創刊。これに連載した『中国を知るために』は毎日出版文化賞を受賞。晩年は『魯迅文集』全6巻に取り組んだ。（写真：筑摩書房提供）

竹内好の思想的営みをたどる

二〇〇四年の秋の初め、ドイツのハイデルベルク大学で「竹内好・国際シンポジウム」（九月六日〜十日）が開かれました。ハイデルベルク大学日本学研究室とドイツ・日本研究所の共催で、テーマは「竹内好――アジアにおけるもう一つの近代化を考えた思想家」です。

この国際シンポジウムは、一九七七年に亡くなった竹内好の思想的営みを国際的視野に引き出すという意味で、画期的なものでした。

私はシンポジウムの最終日に、『竹内好「日本のアジア主義」と現代』と題した講演（公開）をすることを要請されました。要請してきたのは、ハイデルベルク大学のザイフェルト教授と、ドイツ・日本研究所のサーラ博士です。

ザイフェルト教授は一九七〇年代初めに日本に留学しており、そのときに竹内好という思想家を知り、私の『竹内好論――革命と沈黙』（第三文明社、一九七五）も手に入れて読んだ、ということでした。

こういう因縁が三十年後に私のところに巡りかえってくるなどという事態は、二〇〇三年、読売新聞読書面の「時の栞」（六月八日付）で竹内好の『近代の超克』（筑摩書房、一九八三）を取りあげたときには、とても予想できなかった。というのは、竹内好の思想を問題にするのも、「わたしが最後の世代かな」と覚悟していたからです。
その「時の栞」には、次のように書きました。

竹内好さんが亡くなってから、早いもので、すでに二十六年がすぎ去った。竹内さんと親しかった人々「橋川文三（一九八三年没）さん、井上光晴（一九九二年没）さん、谷川雁（一九九五年没）さん、丸山眞男（一九九六年没）さん、埴谷雄高（一九九七年没）さん」みんなつぎつぎにいなくなってしまった。

わたしが竹内好さんの書いたものを読むようになったのは、大学に入ったばかりのころだが、学問的動機からではない。だいいち、学者になろうとはおもってもいなかった。それに、わたしが当時所属していたのは経済学部であって、竹内さんがかつて専攻した中国文学（魯迅もしくは郁達夫）とも、中国近代史（孫文や毛沢東）とも、余り関わりがなかった。

にもかかわらず、竹内好の文章を一つ残らず読むようになったのは、十代の終わりごろ、保田與重郎の《散華の美学》から必死に脱けだそうとおもったことがきっかけだった。戦後生まれのわたしが、戦後二十年ちかくもたって日本浪漫派の保田與重郎にいかれたのは、そのころわたしが「美しく死ぬことは可能か」と必死に問うていたからだろう。

戦時中の保田與重郎はこの問いに、「しかり、美しく死ぬことは可能である」と答えを与えてくれたのである。「しきしまの大和心を人問はばと歌はれたやうに、花の美のいのちは、朝の日のさしそめる瞬間に、その永遠に豊かな瞬間に、終るものといふ」（「河原操子」、昭和十四年）と。

保田與重郎の文章は、十代の終わりごろのわたしに「美しく死ね」と教えていた。こういった甘い毒はながく精神に残影するものらしく、わたしが二十四歳のときに書いた処女作『若き北一輝』（一九七一年刊）を読んで、詩人の佐々木幹郎は「あれは夭折者の文体だ」と評してくれたものだった。いまから三〇年あまりも前のことである。

わたしが夭折しなかったのは、口早にいってしまえば、保田與重郎の同級生でもあった竹内好の文章を読むことによってだった。

大東亜戦争の「聖戦の意義」に目覚めて、その「世界史の変革」の前に身を投げ出していった若き日の竹内好（「大東亜戦争と吾等の決意（宣言）」）が、いかにしてその精神の死から回生してきたか――。その精神史のドラマを辿ってみることによって、私は保田與重郎の《散華の美学》にいかれている状態から脱却していったような気がする。

だがその結果、新たな課題が生まれた。それは、竹内好とは何ものかという問い

保田與重郎
やすだ よじゅうろう。1910～1981。文芸評論家。奈良県出身。東京大学美学科卒。1932年、大学在学中に『コギト』を創刊、日本の古典論を寄稿。その後亀井勝一郎・神保光太郎らと『日本浪漫派』を創刊、同派の代表的論客として活動。1936年最初の評論集『日本の橋』で第一回池谷信三郎賞を受賞、批評家としての地位を確立した。戦後公職追放を受け、黙殺された時期があったが、1960年代後半から中央文壇に復帰。作品は文体的にはドイツロマン派の影響を受け、文学史的には日本の伝統への回帰を叫び、次第に国粋主義的傾向を強めたとされる。橋川文三によれば「保田の作風は絶望的な諦観に貫かれており、それが古典の学識に彩られて死を背後に担った悲壮感を漂わせていた（『日本浪漫派批判序説』）」といい、今なおその独特の文章に魅せられる人は多い。

魯迅
ろ　じん。本名・周樹人。1881～1936。浙江省紹興市出身。1902年日本に留学、仙台医専（現・東北大学医学部）に学ぶ。中国人を救うのは医学ではなく、文学による民族性の改造を志し、『阿Q伝』で中国の国民性を批判した。帰国後『狂人日記』などを発表。晩年は国民党政権の言論弾圧と闘った。『彷徨』『野草』『中国小説史略』など。仙台医専時代の魯迅を描いた作品に太宰治の『惜別』がある。

郁達夫
いく　たっふ。1896～1945。本名・文。浙江省富陽県の生まれ。1913年来日、八高（現・名古屋大学）医科に入学、のち文科に転部。1922年東大経済学部卒業後帰国。1936再来日、志賀直哉・井伏鱒二・大宅壮一・林芙美子・横山利一などと交流。日中戦争当初抗日運動に参加、のちシンガポールで新聞編集や日本軍憲兵の通訳に携わる。敗戦直後、日本軍憲兵隊に殺害された。処女小説『沈倫』（1921）は当時の中国人留学生の孤独や抑圧された性を素直に表現した作品として評価されている。（写真：http//japanese.cri.cn より）

のみならず、彼が「近代の超克」という論文（『近代日本思想史講座』第七巻「近代化と伝統」、一九五九年、所収）で問うていたアポリア（難題）にわたしも立ち向かわねばならない、ということであった。

そのアポリアは、象徴的にいえば、大東亜戦争とは日本近代の思想にとって何であったのか、ということであるが、その問題を考え始めたことが、わたしを思想史や精神史といった領域に引き込んでいったのに違いない。

わたしはその問題意識にもとづいて、これまで二つの『近代の超克』と題した本を編んだ。一つは、昭和十七年の『文学界』における座談会「近代の超克」と竹内好の論文とを合わせた冨山房百科文庫であり、もう一つは、竹内好のこの論文を中核にした筑摩叢書版評論集である。

この引用文を読んでいただければ、私が「竹内好の思想を問題にする最後の世代かな」と覚悟していた真意のほども、おおよそわかってもらえるだろうと思います。

岡倉天心との思想軸

しかし、私がその「時の栞」を書いた一年後の二〇〇四年になって、英語版と韓国語版の『竹内好論文集』（「近代とは何か」「近代の超克」「日本のアジア主義」など十数本を収める）が出版され、二〇〇五年にはドイツ語版と中国語版も刊行されました。

とすると、「竹内好の思想を問題にする」現在の国際的傾向を、たんに三十年前の因縁に帰することはできない。何か竹内好を浮上させる国際的な潮流というものが存在するかもしれない。

だいいち、これまで海外で日本の「近代化＝西洋化」を問題にする場合、必ずといっていいほど取りあげられたのは、文明開化の提唱者である福沢諭吉であり、福沢を称揚してきた戦後民主主義者の丸山眞男でした。

ただ、二〇〇二年の末には、インドで「岡倉天心とアジア主義の百年」をテーマにした国際シンポジウムが開かれており、私はそこで竹内好のアジア主義と現在の「東アジア共同体」をめぐる構想に触れた発表を行なっていました。福沢諭吉と丸山眞男の「近代化＝西洋化」に対する、オルターナティブ（代案）としての「岡倉天心と竹内好のアジア主義」という問題意識です。

それに近い問題意識が、インド（アジア）のみならず、ドイツ（ヨーロッパ）にも今日存在しているのかもしれない。

――そう考えると、EU統合の一方の主役であったドイツが、アングロ・サクソン主体の近代の世界史に対するオルターナティブとして、一方でヨーロッパの復権を考え、他方で竹内好の「近代の超克」論に注目し、アジア主義の可能性を考えようとしているのではないでしょうか。

これは、イラク戦争を主導したアングロ・サクソン（米英）同盟と、それに反撥していったヨーロッパ（独・仏）の動きに見合った思潮ということもできると思います。

つまり、アングロ・サクソンが覇権国家として君臨した二十世紀の世界史に、冷戦が終焉したいま、地殻変動が起こっている。その世界史の動きと連動するように、日本の「近代化＝西洋化」を推進した「福沢―丸山」の思想史に対する、「岡倉―竹内」という思想史の軸がせり上がってきたのではないだろうかということです。

もちろん、二〇〇四年秋の、ドイツでの国際シンポジウムが明確にそのことを意識して企画されたというわけではなかったでしょう。

シンポジウムでは、竹内好の思想を魯迅、中国、西田哲学、近代主義と民族、アジア主義といったさまざまな視覚から論じる、要素還元的な個別的思想研究の色合いも濃いものでした。

にもかかわらず、竹内好の思想だけを対象に、多くの学者が五日間も論じ合うという機会は、日本だってこれまで一度もない出来事でした。

それに、ここに集まった学者たちは、ドイツ、オランダ、アメリカ、中国、韓国、そして日本（たとえば三島憲一・東京経済大教授、加々美光行・愛知大教授）であり、これをハイデルベルク大学の日本学研究生が聞いているという図は、数年前はちょっと考えられない事態でした。

ともあれ、竹内好の「近代の超克」論——大東亜戦争における帝国主義「間」戦争と帝国主義「的」なアジア侵略戦争という二重性格——や、「東洋の近代」は「抵抗するアジア」によって可能になる、といった仮説は、いま国際的視野のもとに引き出されたのです。

それが今後どのような波紋を描くことになるのか、私としては楽しみに待ち構えているところです。


（二〇〇六年六月三十～七月一日、愛知大学国際中国学研究センター主催国際シンポジウム「竹内好再考と方法論のパラダイム転換」における基調報告、出典：『読売新聞』二〇〇四年十月六日付と同二〇〇三年六月八日付に加筆、訂正を加えた）

八・一五革命伝説

丸山眞男

丸山眞男 まるやま まさお

（一九一四～一九九六）

日本政治思想史学者、政治学者。大阪府出身。東京大学法学部卒。東大助教授時代に2度の召集を受け、二等兵としての経験をする。戦後いちはやく天皇制ファシズムの内面構造を鋭く分析した「軍国支配者の精神形態」（『潮流』1949）「超国家主義の論理と心理」（『世界』1946）を発表、思想界に大きな影響を与えた。荻生徂徠を中心とする近世の儒学、福沢諭吉の思想を研究、丸山は「明治時代の思想はデモクラシーとナショナリズムが健全な形でバランスを保っていた」とし、とくに福沢を日本近代を代表する思想家として高く評価した。また現実政治についても積極的に発言し、1960年の安保闘争では竹内好・鶴見俊輔らとともに知識人の活動の中心的な役割を担った。（写真：丸山真男手帖の会ホームページより）

「八・一五革命」という仮構

――今回刊行された『丸山眞男　八・一五革命伝説』(河出書房新社、二〇〇三) ですが、このタイトルの「八・一五革命」というのは松本さんの造語ですね。

そうです。八月十五日に革命があったというのは、丸山眞男の錯覚だったと、この本に再録している「ヴェニスの肉塊」を書いた若いころに、思っていました。

ところが今度、丸山眞男を取り上げたときに、政治思想史学者と規定しても彼の核心はとらえられない。「丸山さんの核心はなんだろう」と思っていたら、学者というばかりではない側面がある。

学者としたら、亡くなったあと主著はどれといって、本人の名前は忘れられても、こういう著作がありましたというかたちで終えることができる。だけど、丸山さんは亡くなったあとでもアウラ (aura) があるわけです。

そのアウラの光源は何かと考えていくと、「八月十五日」問題と思わざるをえない。丸山さんは「超国家主義の論理と心理」によって一世を風靡(ふうび)して、名声を確立しました。

ここには戦前の日本を超国家主義ととらえ、その否定の上に新しい歩みを始める戦後の出発があった。八月十五日に何か大きな転換をとらえていたといえるけど、たとえば、竹内好は「ポツダム革命」という呼び方をしている。つまりポツダム宣言を受諾したことによって、外から行なわれた革命であると。

しかし、丸山さんの場合は、革命があったという。あるいは大きな転換があったととらえていた。それが、戦後民主主義というかたちを彼自身が体現するような生き方になったと思う。

その戦後民主主義の本質は何だと考えたら、八月十五日に革命があったと、仮説もしくは仮構しなければ、戦前の超国家主義あるいは国体イデオロギーが跋扈している時代から戦後の民主主義に移ったという、この大きな転換を説明できない。

彼はそれを「八・一五革命」といわず、無血革命とか民主革命というい方をしていたけど、それは彼の錯覚ではなくて、確信的なフィクションだったろうと思ったわけです。それで改めて説明するためにいろんな文章を読み直してみたら、彼自身がフィクション、仮構した戦後というものが「八・一五革命」というかたちでとらえられるような、そういう問題意識で戦後を生き始めたということがよくわかりました。

パリ不戦条約反対運動で「国体」を意識

――そのときに松本さんが注目されたのが、一九二八年（昭和三）のパリ不戦条約ですね。丸山さんはそれをどう見ていたのですか。

不戦条約それ自体については何もいってないのです。

彼は、戦後憲法は民主憲法だととらえており、一九六〇年の安保闘争のあとで、平和憲法というとらえ方をした。憲法第九条には「国際紛争解決のための手段としての戦争はこれを放棄する」という戦争放棄条項があるわけです。これは昭和三年のパリ不戦条約の文言そのままを連合国から懲罰的に与えられたものだった。

しかし、それに注目するのではなくて、日本の歴史のなかでの「パリ不戦条約」のとらえ方は、これは人民主権のもとにつくられた不戦条約であるということです。

丸山さんのなかでは、「パリ不戦条約」は、人民主権、ふつうの言い方だと国民主権の思想に非常にショックを受けていることがよくわかった。それは不戦条約の内容よりもむしろ「人民の名に於て」この不戦条約を締結するという文言です。

この「人民の名に於て」が、昭和三年の時点で大きな問題になります。

不磨の大典の明治憲法のもとでは、パリ不戦条約を結ぶべきではない、天皇大権の憲法違反になる、という考え方が出てきた。つまり「人民の名に於て」が問題で、当時の国家主義者や国体論者が反対した。

この不戦条約反対運動は「不戦条約批准奏請反対同盟」が中心になった。同盟のトップに立っているのが、政教社の井上亀六という人物です。

その同盟のメンバーには、北昤吉（北一輝の弟。一八八五〜一九六一）、岩田富美夫（北一輝の国家改造法案大綱を上海から持って帰った弟子。一八九一〜一九四三）、西田税（二・二六事件で北とともに死刑。一九〇一〜一九三七）、内田良平（黒竜会主幹。一八七四〜一九三七）などがいます。そのなかの井上亀六を調べてみたら、丸山さんのおじさんにあたる人だとわかった。これらの人物を糾合した人物が井上亀六なんです。そのことは、丸山さん自身はほとんど発言したことはない。

それにもかかわらず、彼が戦前の日本を「超国家主義」というかたちで呼ぶファナティックなナショナリズムの状態の日本をどこで意識したかというと、このパリ不戦条約の反対運動のときなんです。これは丸山さんの年譜に出てくるんですけど、この、十四歳のときに彼は初めて「国体」という観念を意識する。

丸山さんのお父さんの丸山幹治（一八八〇〜一九五五）は毎日新聞の記者で、リベラリストでしたが、この不戦条約締結に反対した。この不戦条約を結んだのは、若槻礼次郎内閣のときの外相の幣原喜重郎（一八七二〜一九五一）なんです。のちにマッカーサー憲法の受け入れをした人です。昭和四年の条約批准のときは、軍閥内閣とか長州閥といわれる田中義一内閣です。

丸山幹治は、「軍閥内閣で軍国主義者の田中義一が困惑するだろうというので、おもしろいから反対したんだ。国体なんて自分は信じてないけど反対運動に加わった」と丸山さんの質問に答えたという。

丸山さんの父母の結婚の媒酌人が三宅雪嶺（一八六〇～一九四五）で、雪嶺がつくった政教社の社主の井上亀六という流れを見ると、日本ナショナリズムの流れのなかにあると思う。だから彼自身、国体という概念に衝撃を受け、人民主権とまったく対立するものとして彼のなかに根づいた。それが十四歳のときでした。

そういう国体が国民の自由を圧殺する昭和二十年八月十四日まであって、八月十五日にある変革が行なわれて、ポツダム宣言にほとんど謳われている内容の日本国憲法が一年後にできる。その第一条が、天皇の地位、国民主権となっている。

ということは、戦前の「天皇主権」をひっくり返したものが戦後憲法だと考えられる。つまり、「主権在民」という概念は、戦後民主主義によって生まれたわけでなく、昭和三年のときの不戦条約のとき、明確に国体との対立として出てきているといえます。

【丸山幹治】
まるやま　かんじ。1880～1955。長野県松代町の生まれ。東京専門学校（現・早稲田大学）卒。1900年三宅雪嶺の『日本人』に「静浦の一夜」「人生問題に於ける意見」を投稿。新聞『日本』『青森日報』をへて『日本』に復社、日露戦争の乃木第三軍の従軍記者として「旅順戦記」を掲載。この報道記事により第三軍を追放、日本に送還される。1909年大阪朝日新聞社に入社、「天声人語」などを執筆。1916年特派員在英中、中野正剛と会す。1918年「白虹事件」で長谷川如是閑らと退社。1920年読売新聞社に入社、経済部長など3年余り勤める。1928年（昭和3）大阪毎日新聞社に入社、解説委員として「硯滴」を執筆。1936年『東京日々新聞』に転勤、「余録」を執筆。1946年「思想の師」と仰ぐ三宅雪嶺の追悼文「内的行動の人」を『真善美日本人』に寄稿。1950年新聞文化賞を受賞。

いずれにしても明治憲法には、天皇大権があって、天皇が条約を結ぶし、宣戦も布告するし、和も講じる。だから、人民が条約を結ぶのは憲法違反ということになる。ところで、昭和六年（一九三一）の満州事変に始まり、昭和二十年（一九四五）の敗戦までの十五年が「侵略戦争」かというのはいつ決められたのか。

これは昭和十一年（一九三六）の段階で、スチムソン（一八六七〜一九五〇。満州事変後の日本の侵略行為によって生じたいかなる事態も承認しないというスチムソン・ドクトリンを発表）というアメリカの国務長官が「極東の危機」の中で、満州事変はパリ不戦条約に違反するので「侵略戦争」だと書いていた。

さて、丸山さんが何がいちばん重要と考えたのか。「ポツダム宣言」を読んだときに、あるいは戦後、憲法草案をみたときに、一つは主権在民、それから戦争放棄、そして天皇象徴の三つのなかで、「主権在民」と考えた。つまり、天皇主権から人民主権に移るという「無血革命」があったと考えないと、こういう権力的な移行は起こるはずがないというのが、丸山さんの仮構だった。

丸山眞男の思想形成過程をたどる

——松本さんもいっておられるように、丸山研究は、丸山さんの論文の位置づけや学説の解釈ばかりであるとしてますけど、松本さんの場合はそのへんをどう考えているのでしょうか。

私の場合は、丸山さんが仮説あるいは仮構をした、その仮構意識はどのようなかたちで生まれてきたのか、つまり、思想形成過程のなかに入っていった、初めての試みだろうと思います。

戦後思想史のなかで丸山さんの名前が大きいだけに、みんなその確立した思想のなかで、福沢諭吉はどこに位置する、荻生徂徠（おぎゅうそらい）はどこに、あるいは『古事記』をどういうふうに解釈したか、というかたちで研究していくけど、「八・一五革命」というフィクションをつくった丸山さんの意識の形成過程をたどるというかたちをとった。この仮構はある確信をもってつくったと思う。

だから、一九六四年の「大日本帝国の『実在』よりも戦後民主主義の『虚妄』（きょもう）のほうに

三宅雪嶺

みやけ　せつれい。1860～1945。本名・雄二郎。加賀国金沢の儒医の家に生まれる。東大哲学科卒。1888年杉浦重剛・志賀重昂・井上円了らを同人として政教社を設立、雑誌『日本人』を創刊。徳富蘇峰らの欧化主義に反対して日本主義を提唱した。生涯在野の立場を貫き、藩閥政治批判の健筆を奮い、時事評論に活躍。その一貫した姿勢は左右を問わず多くの人々から信望を集めた。著に『同時代史』『真善美日本人』など。（写真：国立国会図書館所蔵）

賭ける」という言葉が生まれたのです。

——この本で、吉本隆明の「丸山眞男論」の「丸山眞男を学者以外の何ものかたらしめたのは、戦争体験であった」を引用していますが、丸山さんの戦争体験について「軍隊内務令」なども引いていますね。

吉本さんは、推測だけれども、戦争中に軍隊でいじめられたとか、非人間な軍隊という戦争体験があって、結果として「超国家主義の論理と心理」という論文ができたのだろう。つまり、戦争体験が大きいので、それがなければ、ヘーゲリアン的な政治思想学者が、戦後に民主主義革命を唱導するような運動の中心になれるはずがない、と考えていたと思う。だから、丸山さんが、戦後すぐにした講演というのは、「軍隊内務令」を例にとって、軍隊がいかに前近代的、非人間であるかを批判した。

しかし、そう考えるのは、戦前、かなり自由を獲得していてブルジョワ的な生活水準にあった知識人だと思う。

それはなぜかというと、松本清張（一九〇九～一九九二）は、「軍隊ほど楽なところはなかった」「ここにくれば、社会的地位も、貧富も、年齢の差もまったく帳消し」といっている。一種の平等主義で、東大教授でも幹部候補生にならなければ二等兵から始まるわけです。

ところが、松本清張は学歴もない、新聞社でもエリート社会からはじきとばされた下積み階級で、そういう人間にとってみると軍隊では平等に扱われる。生命力や、生きる技術を持っている人のほうが、知識を持っている人よりも上になってくることがあります。そうすると、軍隊は平等だったというとらえ方もできる。

これは、日本の庶民がそうだと思う。

だから、戦争を生活によって呼吸した庶民と、戦争中にリベラルな思想によって耐えぬこうとした知識人、という対比が出てくると思います。それを吉本さんは「大衆の原像（げんぞう）」で、軍隊が侵略戦争をやったというだけじゃなくて、日本の大衆がそういう欲望によって満州にも出ていったという認識をしている。

一九六〇年代、われわれの伝説としていわれたことで、吉本隆明（よしもとたかあき）を信奉する人はジャー

松本清張

まつもと　せいちょう。1909 ～ 1992。本名・清張（きよはる）。高等小学校卒業後、給仕、印刷所の版下工その他の職を転々とし、1937 年朝日新聞西部支社（現・本社）に入り広告部意匠係臨時嘱託となる。1943 年正社員となるも召集され、久留米第 56 師団歩兵第 148 連隊に入隊。翌年衛生兵として朝鮮に渡る。1945 年衛生上等兵として朝鮮で終戦を迎える。帰国後朝日新聞社に復帰、図案家として観光ポスターコンクールに応募。1951 年処女作『西郷札』が『週刊朝日』（「百万人の小説」）の 3 等に入選、直木賞候補となる。また全国観光ポスター公募でも『天草へ』が推選賞となった。1952 年『或る「小倉日記」伝』で芥川賞を受賞し文壇にデビュー。1956 年朝日新聞社を退社、以後本格的作家活動に入る。

ナリストに、柳田国男（やなぎたくにお）（民俗学者。一八七五〜一九六二）の愛読者はサラリーマンに、丸山眞男の信奉者は官僚になる、といわれた。

まさに戦後日本のエリート層は、少なくとも東大法学部を卒業したような、丸山眞男のファンは、官僚になっている。だから、戦後体制を支えているのは、丸山さんおよび丸山さんの弟子たちであると私は思っています。

しかし、丸山さんにいわせれば、官僚は自民党の保守思想であり、保守主義であるというかもしれない。しかし、戦後民主主義が、日本の官僚制によって導かれた高度成長とか、豊かな生活と相携えた時代が一九六〇年代から七〇年代にあるわけです。

だから全共闘世代が、「この日本の進み方はおかしいんじゃないか」といった場合に、自民党に敵対するよりも、むしろ、戦後民主主義者の丸山さんに対峙（たいじ）したという構図が、いまになると見えてくると思う。

そういうことで、私は全共闘派といわれたこともありました。

——丸山さんには、見えない、あるいは見えにくかったものに、大衆という存在があるのでしょうか。

一種の官僚ですから、公式の官文書を大事にする。そこに書かれていることが真実に近いという文献主義がある。いまのアカデミズムはほとんどが文献主義であり、実証性を重んじるわけです。そうすると、その裏側に、文章も書けない、名前もない大衆がどういうかたちで歴史を生きているか、見えなくなる。

戦争のときには、戦争を生活として呼吸するというレベルの大衆は、時代の支配的イデオロギーが国体思想から民主主義に変わっても、そんなに影響を受けない。ところが、丸山さんの「日本の思想」でいうと、国体の最終細胞が「ムラ共同体」という設定になる。

そこで、丸山さんと谷川雁（たにがわがん）（一九二三〜一九九五）さんの対立が出てくるわけです。

日本のファシズムを動かしていたのが、その大衆であるとするなら、日本の革命を動かすのも、その大衆ではないか、そこに杭（くい）を打っていかない限り革命なんて成り立たない、というのが谷川雁さんの主張です。

だから、この本で私が象徴的に、竹内好（たけうちよしみ）の葬儀のときに、丸山さんが、

「今日はナショナリズムについて話そう」

といったとき、それを見ていた谷川さんが「ニヤリ」と笑うというエピソードを書いた。

つまり、「ムラ共同体」というか、日本の底を支え続けている、柳田国男ふうにいうと「常民（じょうみん）」――。その常民の思想を解明しないといけない。そういう常民は歴史を残すにしても、文字の官文書の上に残すのではなく、むしろ伝承とか伝説とか、そういうかたちで残していくことになるのです。

そこまでの問題意識としては、丸山さんはかなり敏感な人だから察知しているところがある。文献を重んじる人で、あえて文献で論理を進めていく、そういう知的禁欲があります。

それに、丸山さんを冷戦構造が終わった現在にとらえ直してみることが必要だと思う。冷戦時代の人々は、マルクス主義者ではないけれども、マルクス主義の正しさも評価しました。そういう自由主義者もしくは民主主義者というとらえ方で、どっちの陣営に属するかのような、「ものさし」でしか、丸山さんをとらえなかった。

ところが、その「ものさし」は〝もう外せ〟ということを、私は北一輝を最初に論じ始めたときからいっている。北一輝は共産主義革命を志向したのではなく、それに対する反革命、せいぜい疑似革命というかたちで評価するというのはおかしいじゃないか、ファシズムも革命である、というとらえ方をしないと北一輝の問題はとらえきれない。

そういうことで、北一輝を革命的ロマン主義者といいましたけど、それと同じように丸山さんの評価も、戦前の日本のなかで、どういう思想形成をしているかというところから照らし出してみると、彼が八月十五日に革命があったという「仮構」（フィクション）をつくりあげた思想の過程がよくわかってくるのです。

（「週刊読書人」二〇〇三年九月五日より）

天皇制下の民主主義

昭和天皇

昭和天皇 しょうわてんのう
（一九〇一～一九八九）

124代天皇。名は裕仁。大正天皇の第1皇子として4月29日誕生。1916年立太子。1921年大正天皇の摂政。1924年久邇宮良子（ながこ）女王と結婚。1926年大正天皇の死去により皇位を継承、昭和と改元。1928年京都で即位。虎ノ門事件・昭和恐慌・15年戦争など多難な治世を送る。1945年8月第2次大戦の終結の詔書を放送（玉音放送）、1946年1月1日人間天皇を宣言して神格化を否定。1947年日本国憲法で「天皇は、日本国の象徴であり日本国民統合の象徴であって、この地位は、主権の存する日本国民の総意に基く」とされ、その地位は象徴となった。生物学に造詣が深かった。

昭和の中のたった一人のたたかい

二年ほど前、『文藝春秋』特別版「私が愛する日本」という増刊号のために、「代表的日本人一〇〇人を選ぶ」と題した座談会が行なわれました。内村鑑三（うちむらかんぞう）の『代表的日本人』（一九〇八）からほぼ百年、を記念しての企画でした。出席者は、作家の半藤一利（はんどうかずとし）さん、杉本苑子（すぎもとそのこ）さん、お茶の水女子大学の藤原正彦（ふじわらまさひこ）さん、そして私の四人です。

この「代表的日本人一〇〇人を選ぶ」のなかで、「昭和天皇」の選定には、私を含めて四人全員が同意しました。しかし、「明治天皇」に関しては、私だけが一票を投じませんでした。

私は究極のところで、天皇というのは「システム」だと思っています。そのシステムをつくったのは、個々の天皇ではなくて、その時代、その時代の日本人である。そうだとすれば、明治天皇の絶対主義的な専制君主システムをつくったのは、西郷隆盛（さいごうたかもり）（一八二七〜一八七七）や伊藤博文（いとうひろぶみ）（一八四一〜一九〇九）や井上毅（いのうえこわし）（一八四四〜一八九五）や乃木希典（のぎまれすけ）（一八四九〜一九一二）であって、明治天皇ではない。もちろん、その専制君主システムを見事に体現し、耐えたのは明治天皇（一八五二〜一九一二）でした。

一方、そのシステムが破綻した時代を生きたのが、昭和天皇（一九〇一〜一九八九）なのです。

明治人がつくった絶対主義的な専制君主システムのなかで、昭和天皇は祖父の明治天皇に憧れを抱きつつも、そのシステムの破綻に直面します。

昭和天皇が頼りとすべき、政党政治の体現者ともいえる原敬（はらたかし）は、大正十年（一九二一）、すでに亡き人となっていました（東京駅南口で刺殺）。

また、天皇みずからがいうように、「山縣（やまがた）（有朋（ありとも））、大山（おおやま）（巌（いわお））、山本（やまもと）（権兵衛（ごんべい））等の如き」陸海軍の名将も存在しなかった。そのため、昭和天皇は明治天皇と違い、昭和史のなかで「たった一人のたたかい」を闘わざるをえなくなった。

つまり、天皇制というシステムを独力で支えたのが昭和天皇でした。

その苦労の度合い、個人的な力行ということにおいて、明治天皇より昭和天皇のほうが大変な努力と実績を残した、と私は考えています。

マッカーサーが感動した天皇の誠心

昭和二十年（一九四五）八月十五日の終戦を境にして、天皇制システムは民主主義的に「ねじれ」ます。

それ以前は、憲法上「大日本帝国ハ、天皇之ヲ統治ス」という統治体系を持った、まさにプロシア型の絶対君主制に近いものでした。それが一夜にして、すべての権力を剥（は）がされ、外から押し付けられた憲法によって「国民統合の象徴」となったのです。

戦前が絶対天皇制、あるいは神聖天皇制だとするならば、戦後は象徴天皇制です。

昭和天皇は、この「ねじれ」を一身に背負ったのです。

それがもっとも具体的に現れてくるのが、マッカーサーと昭和天皇との関係です。

連合国軍最高司令官・マッカーサー元帥が厚木基地に降り立ったのは、昭和二十年八月三十日。その日から数えて四週間後の九月二十七日、天皇はマッカーサーの許可をえて、アメリカ大使館にマッカーサーを訪ねます。それまで、マッカーサーが天皇と会わなかったのは、天皇の処分をどうするか判断がつかなかったからです。

『マッカーサー回想記』（朝日新聞社、一九六四）の中に、この会見における天皇の言葉が残されています。

「私は、国民が戦争遂行にあたって政治、軍事両面で行なったすべての決定と行動に対する全責任を負うものとして、私自身をあなたの代表する諸国（連合国）の裁決にゆだねるためお訪ねした」

――この言葉は日本側の公式記録には残されていないため、マッカーサーのフィクションではないかという解説もなされてきました。

しかし、私は、天皇はたしかにそのように発言したと思っています。なぜなら、天皇の訪問がその後の処遇を決定づけたからです。

連合国によって天皇の戦争責任が追及されなかったのは、マッカーサーとの合議のうえ、

昭和天皇の全国巡幸

日本国憲法に署名する昭和天皇
（写真：www.cc.matsuyama-u.ac.jp より）

マッカーサー
Douglas MacArthur。1880 ～ 1964。アーカンソー・リトルロックに生まれる。1903 年ウェストポイント陸軍士官学校を首席で卒業。第二次世界大戦ではフィリピン駐留アメリカ極東司令官・南西太平洋軍最高司令官として対日作戦を指揮。大戦後、連合軍最高司令官として日本に進駐。以後 1950 年まで日本占領の最高権力者として多くの占領政策を施行した。天皇との会見後、マッカーサーは側近のフェラーズ代将に、「私は天皇にキスしてやりたいほどだった。あんな誠実な人間をかつて見たことがない」といったという。また吉田茂はその著『回想十年』の中で「この第 1 回会見が済んでから、元帥に会ったところ、『陛下ほど自然そのままの純粋な、善良な方を見たことがない。実に立派なお人柄である』といって陛下との会見を非常に喜んでいた」と記している。写真は厚木基地に降り立つマッカーサー元帥。

天皇の戦争責任を免除するかわりに、戦後の民主主義日本を天皇とマッカーサーでつくっていくことにした、という説があります。

しかし、そうではなかった。

天皇がマッカーサーの前に身を投げ出すことによって、マッカーサーの占領権力を押し返したのです。

つまり、天皇はみずから「占領下の天皇制」を象徴する存在として、国家主権者としての天皇を超える新たな外からの権力の前に、政治交渉を放棄し、いわば政治的な意味でも武装解除をしたかたちで、マッカーサーの前に立った。

天皇はマッカーサーの前に軍人として、対等な地位の大元帥・裕仁として立つこともできたが、そうはしなかった。彼は占領軍の最高司令官の前に、いわば政治的人間として、その一身を投げ出したのです。

このときマッカーサーは、天皇が政治的、軍事的「責任」の一切を引き受けようとする態度に対して、感動を覚えたのです。

「私は、大きい感動にゆすぶられた。死を伴うほどの責任、それも私の知り尽くしている諸事実に照らして、明らかに天皇に帰すべきではない責任を引き受けようとする。この勇気に満ちた態度は、私の骨の髄までも揺り動かした」(『マッカーサー回想録』)

一言も「助けてくれ」をいわない天皇に、マッカーサーは深い感動を覚えたのです。

人間宣言における天皇の決意

天皇がマッカーサーの力を押し返したことが如実に表現されているのが、昭和二十一年(一九四六)一月一日の、いわゆる「人間宣言」詔書です。

前年十二月、連合国総司令部が作成した原案を見て、その冒頭に、明治天皇が明治元年(一八六八)に示した『五箇条の御誓文』を書き加えたのです。

「ここに新年を迎う。顧みれば明治天皇、明治の初、国是として五箇条のご誓文を下し給えり。曰く、

一、広く会議を興し、万機公論に決すべし。

一、上下心を一にして、盛に経綸を行うべし。

一、官武一途庶民に至るまで、おのおのその志を遂げ、人心をして倦まざらしめんことを要す。

一、旧来の陋習を破り、天地の公道に基くべし。

一、智識を世界に求め、大いに皇基を振起すべし。

叡旨公明正大、また何をか加えん。朕はここに誓を新にして国運を開かんと欲す。すべからくこのご趣旨に則り、旧来の陋習を去り、民意を暢達し、官民挙げて平和主義に

徹し、教養豊かに文化を築き、もって民生の向上を図り、新日本を建設すべし」（原文旧カナ）

天皇がここにあえて「五箇条の御誓文」を入れたのは、日本はアメリカによって民主主義を教えられるのではなく、明治天皇の御誓文の中に、民主主義体制をつくり、文明国になろうという決意が述べられているではないか。いまこそ、その原点に戻って、戦後の日本を再生しよう、という意思表明でありました。

これが、占領権力のもとで民主主義改革を行なおうとしていたマッカーサーを押し返した証拠であり、私が「畏るべき」という形容詞を昭和天皇に冠する理由です。

昭和天皇は「象徴天皇」として、「占領下の天皇制」ではなく、「天皇制下の民主主義」で戦後の日本を立て直しました。それが昭和天皇の決断であり、戦後の天皇の持続と努力の根源であったのです。

垣間見た天皇の畏るべき姿

戦後の日本再生のなかで、私は昭和天皇のさらなる「畏るべき」要素を垣間見ることになります。それは昭和五十年（一九七五）五月、イギリスのエリザベス女王が来日したときのことでした。天皇のアメリカ訪問の半年ほど前です。

エリザベス女王とにこやかに並んで立つ天皇の間には一人の通訳官が立っていました。この通訳官は「二・二六事件」の重要な脇役だった眞崎甚三郎（まさきじんざぶろう）大将の息子でした。息子・秀樹（一九〇八〜二〇〇一）は外務官僚で、父・甚三郎がA級戦犯に指名されたとき、占領軍の尋問の通訳を買って出た人物でもあります。

このことは何を意味していたのでしょうか。

二・二六事件を起こした青年将校らを、天皇は「反乱軍」とみなしていました。その事件に関わった人間の息子をみずからの通訳として立たせることによって、決起した青年将校のことは許さないが、その心情ぐらいは察してやってもいい、との意志表示ではなかったのか。

ここに、私が「記憶の王」と呼ぶ昭和天皇の「畏るべき」姿があります。

昭和十一年の事件から四十年近くが過ぎ、天皇もすでに七十四歳になっていました。肉体は衰えても、天皇の記憶は少しも衰えていなかった。

天皇が、二・二六事件において決起青年将校から一時は軍人政権の首班として推された眞崎大将の息子とにこやかに並んでみせたのは、「記憶の王」が四十年近くの時間をかけて判断を下した天皇政治だったのではないか、と私は考えています。

天皇家として、天皇制が国内の権力闘争を超えて存続するシステムとなるための、天皇自身の判断だったのではないだろうか、と。

このように、戦後の昭和天皇は「記憶の王」としての記憶を手繰(たぐ)り寄せ、何も語らずとも天皇の政治を続けていたのです。

もうひとつ、二・二六事件に関連する、昭和天皇の記憶力のすごさを物語るエピソードとして、こんなことがありました。

平成十四年に亡くなりましたけど、齋藤史(ふみ)（一九〇九〜二〇〇二）という歌人が園遊会に招かれ、昭和天皇にあいさつをしました。

「齋藤でございます」

というと、昭和天皇はいつもの「あっ、そう」ではなく、

「瀏(りゅう)ね」

と答えたのです。史さんの父・齋藤瀏(りゅう)（一八七九〜一九五三）は、「二・二六事件」の反乱罪幇助(ほうじょ)の罪で禁固五年の刑に処せられた陸軍少将です。

齋藤瀏は「皇道派」青年将校たちの慈父のような存在で、温厚篤実(おんこうとくじつ)、和歌に通じ、「歌人将軍」と呼ばれた人でした。二・二六事件のとき、官邸に駆けつけ、陸相に「要望事項」を迫ったというのが、禁固五年の理由でした。

天皇がこの階層の軍人と直接謁見(えっけん)することはまずありません。にもかかわらず、昭和天皇はその一少将の名前を覚えていて、即座に名前を口にしたのです。それほど昭和天皇は記憶力にすぐれていました。

宮中晩餐会で乾杯されるエリザベス英女王（左）と昭和天皇。皇居豊明殿宮中晩餐会で。中央が眞崎秀樹通訳官。（1975 年 5 月 7 日）

齋藤　瀏

さいとう　りゅう。1879 〜 1953。長野県北安曇郡生まれ。陸軍大学校卒。1904 年日露戦争に従軍、負傷。少将に累進。1928 年、済南事件で北伐中の国民革命軍と旅団 長として交戦した咎（とが）で待命となる。1936 年 2・26 事件に連座し、叛乱幇助の罪で禁固 5 年の刑を受ける。1938 年仮出獄。長野 市で没。歌人の斎藤史は娘。

斎藤　史

さいとう ふみ。1909 〜 2002。歌人。東京都四谷に生まれる。福岡県立小倉高等女学校卒業。17 歳のとき若山牧水にすすめられて作歌を始め、18 歳から「心の花」に作品を発表する。1939 年父・瀏が主宰する歌誌「短歌人」創刊に参加。1940 年第一歌集『魚歌』を発表。モダニズムの影響が濃い作風で、萩原朔太郎に激賞される。晩年の江藤淳と交流があった。

祈りの王

権力から切り離された天皇の政治には、もうひとつ、「畏るべき」姿があります。「祈りの王」であります。戦後、とくに一九六〇年代の高度経済成長以後、日本人は「私」の生活、財産、健康、安全といったものを守る方向にひた走っていた。このとき、政治家でも経済人でも思想家でも学者でも医者でもなく、ただひとり、昭和天皇のみが権力もないまま国民すべてのことを考え、慈しむ役を果たそうとしたのです。

「じぶん」＝「私」を主張し続けた近・現代は、高度経済成長の犠牲者ともいえる水俣病（一九五六年に熊本県水俣市で発生した有機水銀中毒による神経疾患）患者を一人も救えなかった。公害企業からはもちろん、内閣からも、議会からも、官僚からも、病院からも救ってもらえないと絶望した水俣病患者が、最後に、ほんとうに最後の光を求めるように、その自由にならない口で、

「て　ん　の　う　へ　い　か　ばんざい」

と絶叫するように呻ぎ出したのです。*

それは、彼らが救済としての天皇を幻想していたからではないでしょうか。

そして、そのような国民の「声」に応えることが、天皇政治の本質であると思い、つとめてそのように振る舞おうとしたのが、昭和天皇でありました。

その天皇政治のためには権力はいらない。むしろいっさいの権力から離れて、ただひたすら国民の心を抱きとめ、慈しみ、祈る。ただ祈る――。

戦前の昭和天皇は政治的理性の持ち主として、神聖天皇制のもとで、なお断固たる立憲君主であろうとしました。そこには「二・二六事件」の皇道派青年将校らや、特攻隊員の「天皇陛下万歳」が生まれました。

戦後の天皇は、その断固たる政治的理性を内に秘めつつ、表面は国民の心を抱きとめ、慈しみ、祈る、ただ祈る女性的な姿を国民に見せようとした。そしてここには、近代資本主義が救えなかった水俣病患者の人びとの「天皇陛下万歳」が生まれたのです。

昭和天皇は「戦争」と「平和」という二つの時代を生き、その二つの時代の「ねじれ」を一身に背負い、埋めようとされました。このことは昭和天皇以外、誰にもできることではなかった。だから昭和を生きた国民は、自分たちが天皇と同じ時代を生きたという一体感を持った。そして、昭和天皇逝去に際し、「ご苦労さまでした」と心に思ったのです。

＊一九六八年、熊本県出身の厚生大臣・園田直が初めて水俣病患者を見舞ったとき、重症患者の村野タマノさんが激しいケイレンを起こしながら「君が世」を唄い、「天皇陛下万歳」と叫んだ。しかし大臣は声をかけることもなく、足早に立ち去ったことが全国に放映された。

（出典：『SAPIO』二〇〇九年二月十八日号に加筆）

武士道に背を向けた時代小説家

藤沢周平

藤沢周平 ふじさわしゅうへい
（一九二七～一九九七）

本名・小菅留治。山形県出身。旧制山形師範学校卒。郷里で中学校教師となるも肺結核で休職、療養生活を送る。その後業界紙の編集者をしながら小説を書き続け、1971年『溟（くら）い海』でオール讀物新人賞、1973年『暗殺の年輪』で直木賞を受賞。江戸時代を題材にした作品が多く、鶴岡市にあった庄内藩をモデルにした架空の藩「海坂藩（うなさかはん）」を舞台にした作品は有名。端正な文章で下級武士や庶民の視点から体制との葛藤を描き、優れた小説技法により一躍時代小説の人気作家となる。1986年『白き瓶―小説・長塚節』で吉川英治文学賞、1989年菊池寛賞を受賞。1990年新井白石を描いた『市塵』で芸術選奨。1997年上杉鷹山による米沢藩の藩政改革を描いた『漆の実のみのる国』が絶筆となった。

人生の不運が作家・藤沢周平を創った

一九二七年（昭和二年）、庄内（現・山形県鶴岡市高坂）で農家の次男として生まれた藤沢周平（本名・小菅留治）は、子どもの頃から小説を読むのが大好きで、片時も本を手放さない少年だったそうです。

高等小学校を卒業すると県立鶴岡中学（現・鶴岡南高校）の夜間部に進学して、苦学しつつ卒業、山形師範学校（現・山形大学）に入学しています。

これは当時の農家の次男、三男など、親から学費を出してもらえない子供らの進学のためのコースで、石川啄木や中里介山（本名・弥之助。独学で小学校教員、新聞記者となる。『大菩薩峠』で大衆文学に新時代を拓く。一八八五〜一九四四）も似たような道を歩んでいます。

戦前の義務教育は尋常小学校までで、その上に高等小学校（二年間）があり、卒業するとまだ十二、三歳ですが、尋常小学校の助教（正教員の補佐）に雇ってもらえます。助教を二年勤めると中学へ通う学費が三年分ぐらいたまり、なんとか自力で進学できます。

藤沢は中学の夜間部に通う道を選びましたが、啄木らは助教をやっています。

さらに上級の学校へ進学したい場合、学費がかからない師範学校か士官学校のどちらかを選ぶわけです。藤沢は師範学校へ進みました。

早くから作家志向が強く、この時期から同人雑誌にも参加しています。しかし、オール讀物新人賞を受賞し、小説家としてデビューできたのは四十四歳と、きわめて遅咲きです。

これには事情がありました。

卒業後、中学教師となった藤沢は、そのわずか二年後に肺結核であることがわかり休職、六年の療養生活を送りました。その後、紙問屋などの業界新聞に勤めますが、倒産などで数紙を転々とし、三十二歳で同郷の女性と結婚します。

その翌年、『食品加工新聞』の記者となり、やっと生活が安定しますが、その幸福もわずか三年、長女を産んだ妻が急逝してしまいます。人生これからというときに度重なる不遇に見舞われ、人生の理不尽さを嫌というほど味わわされます。

藤沢はやり場のない悲しみを抱えたまま、それでも働いて残された幼い娘を育てなければなりません。

代表作のひとつ『たそがれ清兵衛』（新潮社）の主人公は、同僚との付き合いを断り、「夕暮れになると急いで城を下がり、長患い（ながわずら）の妻のために飯の支度から掃除、洗濯まで」馬車馬のごとく働き、同僚たちに「たそがれ清兵衛」と侮（あなど）られる下級武士です。その清兵衛が、妻を転地療養させるため上意討ちを引き受ける。

――そうした姿は藤沢の実生活の投影でしょう。

藤沢は生活のために勤めを続けました。前妻の死から六年後に再婚もしています。

勤めのかたわらこつこつと小説を書き続け、投稿をしていました。再婚の二年後に、

『冥い海』でオール讀物新人賞（一九七一年）を受賞、一九七三年に『暗殺の年輪』（文藝春秋）で直木賞を受賞、さらに次の年に作品集が刊行され、やっと退職してプロの作家に転身します。

苦渋を反映して、初期作品には暗い小説が多く、藩内抗争に巻き込まれ、暗殺者になる武士などが主人公で、一種のルサンチマン（恨みという心の屈折）を背負い、暗い情熱を爆発させる人物が描かれました。

私は大学を終えて就職し、その職も辞めたころ、藤沢作品を初めて読みましたが、その一九七〇年代初頭というのは、全共闘の内ゲバで人が死んだり、連合赤軍事件があったりと、社会全体が発熱し、裏側に憂鬱が積もっている時代でした。

藤沢の初期作品は、そうした時代と共振したのではないでしょうか。

わたしは武家社会の主流を書かない

藤沢作品の主人公として描かれる人物の多くは、「武家の家に生まれながら家督を継ぐことのできない」次男、三男たちです。長男の設定の場合でも、父親が派閥抗争に巻き込まれて処刑され、職を失った家の子などです。

これについては藤沢自身も、

「わたしは武家社会の主流を書かない。武士道は苦手だ」

と、はっきりいっています。

藤沢作品の多くに見られる類型は、武家社会のがんじがらめの門閥制度のもと、わが身を守り、思いを遂げるためにあがく主人公たちの姿です。

藤沢は、主人公たちに封建社会の制約という壁を簡単には越えさせません。

たとえば、『蟬しぐれ』（文藝春秋）は藩主の側室になった下級武士の娘・ふくと、幼なじみの同じく下級武士（牧文四郎）の恋の話ですが、文四郎はお家騒動に巻き込まれるふくを、上司の命令を拒み、命がけで守ろうとします。しかし、お家騒動が解決しても、この二人が互いに思いを遂げるのは二十年後、文四郎も家庭を持ったあとのことです。

また『花のあと』（青樹社）の主人公、老女・以登は、生涯一度の恋の話（思いを寄せていた若者が陰謀で殺され、その敵討ちをする）を孫たちに聞かせるという具合です。

それぞれの主人公は、ほぼ一生をかけて時代的制約の壁を乗り越え、ささやかな思いを遂げます。決して何もかも都合のよい結末ではなく、理不尽なこと、人生の苦渋や諦めを受け止めた結末です。

藤沢は作品の舞台として幕末を好みました。

幕末というのは、厳密にはペリー来航（一八五三年）から明治維新（一八六八年）までの十五年ほどを指します。しかし、もっと以前からヨーロッパはアジアへ侵出していて、日本近海にもロシア船がたびたび現れていますし、一八四〇年には中国と英国との間でアヘン戦争が起こっています。

すでにこのころから、日本社会の雰囲気には幕末的情況が現れ始めていました。

当時の国際情勢を見てみると、十六世紀以降の経済発展に伴い、ヨーロッパ諸国は植民地や貿易を求めアジアに侵出しました。

北海道に現れたロシア船が求めたのは、キツネやシカの毛皮です。ヨーロッパにも森林はありますが、ほとんどがスギやヒノキなどの針葉樹林で、木の実がなく、大きな動物が棲息できない森なのです。

さらに、ロウソクや灯油のために大西洋の鯨を乱獲し（油だけ採取し、あとは捨てた）、絶滅させたため、今度は太平洋へ捕鯨船を送る必要に迫られ、補給基地となる不凍港を求め、北海道や東日本、そして小笠原付近の港を日本に要求するようになるわけです。

こうした情勢のなか、日本国内でも門閥制度を越えるために学問と武芸に注目が集まります。とくに語学、医学の学習熱は高まり、町人、農民が通う剣道場も盛況になります。

平常時なら職が回ってこない武士の次男、三男にとって、これは大きなチャンスでした。下級武士（豊前中津藩）の次男だった福沢諭吉は語学（オランダ語、のちに英語）で身を立てられるようになりますし、山形の郷士だった清河八郎（江戸に出て千葉周作らに入門、のち文武塾を開く。一八三〇～一八六三）は学問の昌平黌と剣の腕で天下に名をとどろかせます。

近藤勇（武蔵多摩郡調布の出。天然理心流を修める。新撰組局長。一八三四～一八六八）や土方歳三（多摩調布の出。新撰組副長。一八三五～一八六九）は農民出身ながら、剣の腕を頼りに新撰組を組織し、近藤は数年で一万石の大名格となります。新撰組のほかの隊士たちもおおかたは食いつめ浪人でした。

長州藩では幕府軍に対抗すべく、武士以外の身分の者から奇兵隊を組織しました。長州の正規兵八千人に対し、奇兵隊も八千人です。

藤沢はこうした時代のうねりのなかで懸命に生き、どちらかというと時代に流される、ちっぽけな人間を好んで描いたのです。

主人公はしがないサラリーマン

同じ幕末の動乱期を舞台にしても、司馬遼太郎と藤沢周平ではまったく描き方が違いました。

司馬が描くのは、坂本龍馬（薩長同盟を仲介し、大政奉還を実現。一八三五～一八六七）や大村益次郎（村田蔵六。長州藩の軍政改革を指導。維新後武士団の解体と徴兵制実施を説く。一八二五～一八六九）などに代表される「時代を動かしてゆく人びと」です。

これは歴史上の英雄に限ったことではありません。日露戦争を舞台にした『坂の上の雲』（文藝春秋）では多くの無名の人びとが描かれますが、そこには、

「小さな存在でもそれぞれの人には役割があり、そうした人びとの働きが結集して明治国

家の歴史は動いた。時代は国民の力で動くのだ」

という思想が生きています。

これは高度成長期の「ビジネス戦士」的発想で、「おれは小さな歯車かもしれないけど、一所懸命に会社のために働き、役割を果たしている」という人たちが登場人物です。だから司馬遼太郎には男性ビジネスマンのファンが多かった。

「おれがいなきゃ会社は動かない」と、現実にはそうじゃなくても、それぐらいに思っていた人たちが共感したわけです。

司馬自身も、「いい漢（おとこ）の物語を書きたい」と、はっきりいっていました。

これに対して藤沢作品の主人公は、刺客を命ぜられ、「気がすすみませんが、ご命令とあらば仕方ない」と引き受けます。

たとえば、小太刀（こだち）の達人ながら「かが泣き」（庄内方言で愚痴（ぐち）、泣きごとの意）という不名誉なあだ名を持つ鏑木半平（『かが泣き半平』）などは、「さる後家（ごけ）との仲」をネタに上層部から脅され、刺客を引き受けます。そこには、

「組織で生きてゆくにはしょうがない」

と、汚い仕事にも手を染める男たちの哀感が描かれます。

妻子を養うために強盗になったり、裏取引をする武士たちが主人公で、こちらは「しがないサラリーマン」です。司馬と藤沢のファン層はやや重なってはいるものの、異なるの

です。

作品を彩る「女の一分」

それに藤沢周平には女性ファンが多い。

理由は、現代でも女性には社会的制約が多いことと、藤沢の描く女性像には凛とした潔さ、「女の一分」を見事に貫く姿が見られるからでしょう。

二〇〇六年、『武士の一分』という映画が話題を呼びました。原作は藤沢の『盲目剣谺返し』（文藝春秋）という作品です。

じつをいうと、私はこの映画タイトルに納得ができません。『武士の一分』という言葉が藤沢作品には似つかわしくないと思うからです。それは彼が「苦手」という「武士道」に通じる言葉だからです。

藤沢は戦争中に『葉隠』を読みふけり、級友をアジって予科練まで一緒に受けさせた自分自身や、「武士道」という言葉を振りかざして居丈高に振る舞っていた軍人の姿のおぞましさに、戦後になって気づきました。

「おぞましいというのは、自分の運命が他者によっていとも簡単に左右されようとしたこと」

と説明しています。

さいわい、予科練に合格した級友も塹壕掘りをやっただけで生きて帰ってきます。しかし、「武士道」という言葉が自分を「国のために死ぬ」という精神に追い込み、級友に対する加害者にまでしたことに気づいて、藤沢は「人をバカにしやがって」と思ったというのです。

映画『武士の一分』というタイトルが藤沢作品に似つかわしくないというのは、話の筋から考えてもそうです。

毒味役の主人公が仕事上の事故で失明します。失明後、妻に男ができたと感づいて問い詰めると、妻は藩の上司が「家を存続させたいなら自分のいうことをきけ」とだまして弄んだと打ち明けます。主人公は妻を離縁したあと、盲目の身ながら、その剣の達人である上司と秘かに決闘して見事に討ち果たし、何事もなかったように生活を続けるという話です。

この小説は妻を寝取られた男の復讐とも読めます。耐えられぬ恥辱を受けたと公表し、堂々と成敗するのでもなければ、切腹によって抗議し、武士の面目を保つわけでもなく、「武士の一分」とはいいがたい。

この物語で、筋を通して「一分」を貫いたのはむしろ妻のほうでしょう。失明した夫と家を守るために、男にからだを許します。それを責められ、夫に「出ていけ」といわれれば文句もいわず出てゆく。

この物語の結末は、中間（奉公人）が主人公の身の回りの世話をする女性として、その元妻を連れてきて、主人公は何もいわずそれを受け入れるのです。妻こそが自分の愛と使命のため、まったくブレずに行動しています。

これが藤沢作品に登場する女性の魅力で、そこに女性ファンは惹かれるのでしょう。

舞台は故郷・庄内がモデル

藤沢作品の多くは、制約のもとでの人生と選択を描くものです。その舞台として武家社会、とくに地方の小藩は最適のものだったのでしょう。

藤沢は学生時代から俳句をやっていて、制約（五・七・五）のなかでこそ生み出される芸術の魅力をよく理解していました。しがらみが多いからこそ、それを乗り越えようとするエネルギーも大きくなり、『海鳴り』（文藝春秋）のようなドラマも生まれます。

藤沢作品はすべて、自身の体験や身近な場所から発想されました。歴史的な素材も、庄内や地元の先人という線から外れませんでした。

藤沢作品の中でとくに人気が高いのは「海坂藩もの」と呼ばれる東北の小藩を舞台にしたものですが、これは生まれ故郷の庄内がモデルです。彼が創出した架空の「海坂」という藩名は、かつて投句していた俳句雑誌の名でした。

同年（一九二七）生まれの作家・城山三郎（一九二七〜二〇〇七）は、サラリーマン物語をベースにしながら「経済小説」というジャンルを確立しています。城山の小説では、たとえばエネルギーの主流が石炭から石油へ変わるという時代の大変動のなかで翻弄されるサラリーマンの姿が描かれます。

藤沢が描いているのも、じつは武士に姿を借りたサラリーマンだということはすでにお話しした通りですが、藤沢にも経済小説を書く道はあったと思います。ところが、幕末という設定でも、藤沢作品には時代の劇的変動の様子は描かれていません。

二人の違いは、経済学者であった城山の目が日本経済のダイナミズムを見つめていたのに対し、藤沢の目は社員十名ほどの業界紙の現実、昨日とほとんど変わらない日常が過ぎるのを見つめ続けていたからでしょう。

架空の藩はつくっても、荒唐無稽（こうとうむけい）な飛躍や歴史の「イフ」（if＝もしも）も書きません。登場人物たちの人生の選択はとても現実に素直で、組織や権力という巨悪に抵抗する術（すべ）

城山三郎

しろやま　さぶろう。1927～2007。本名・杉浦英一。名古屋市生まれ。17歳で忠君愛国の大義を信じ、海軍に志願入隊。終戦を特別幹部練習生として迎える。一橋大学卒業後、愛知学芸大学で景気論等を担当。「大義名分のこわさ、組織のおそろしさ。暗い青春を生きたあかしとして、とりあえずそれだけは書き残しておかねばならない。そこからわたしの新しい人生が始まった」として、1957年『輸出』により文学界新人賞、1959年『総会屋錦城』で直木賞を受け、経済小説の分野を拓く。吉川英治文学賞、毎日出版文化賞受賞の『落日燃ゆ』のほか、『男子の本懐』『官僚たちの夏』『指揮官たちの特攻―幸福は花びらのごとく―』など、組織と人間をテーマに多くの経済小説を残した。1996年菊池寛賞、2002年朝日賞を受賞。

もないまま、強盗や暗殺者になったりします。

恨みを晴らすにしても、秘かにささやかな一矢を報いるぐらいのことで、巨悪を直接倒すことはしません。倒れない巨悪にくらべれば、やむにやまれず悪の道に入る庶民の罪など、小さなものだという描き方です。

最後に選んだ上杉鷹山

藤沢の遺作となったのは、米沢藩主である名君・上杉鷹山（一七五一～一八二二）を主人公にした小説『漆の実のみのる国』（文藝春秋、一九九七）でした。

肝臓の宿病で「最後の小説」になるかもしれないというときに、自分あるいは日本人にとって誰が大切な人物なのか。

――そう考えての上杉鷹山だったのでしょう。

江戸時代の理想の殿様とは「そうせい侯」と呼ばれた長州藩主・毛利敬親（一八一九～一八七一）のような人物で、側役が進言すればその意見をすべて受け入れ、「わかった、そうせい」と許可をくれる人です。さらに力量のある薩摩藩主の島津斉彬（一八〇九～一八五八）となると、下級武士の中から有能な西郷隆盛や大久保利通らを抜擢して登用します。

上杉鷹山は加えて道徳的で、「仁」という徳を理想に正しい政治の道を学び、民が苦しむときは自分も苦しむ。それに自分の食費を削って五十両、六十両を出して、いまでも山形の特産になっている紅花（べにばな）（高級染料）や養蚕（ようさん）用の桑（くわ）など、換金性の高い産物の生産を奨励するのです。

こういう事跡（じせき）から考えると、藤沢周平が最後に上杉鷹山という理想像を選んだ理由がわかるような気がするのです。

お話ししてきたように、藤沢は自分自身の境遇も多くの制約に縛られていた。そのなかで、我慢し、努力し、真面目に、まるで田を耕すかのように毎日小説を書き続けました。そうした努力があったからこそ、これほど多く質の高い大衆小説が書けたのです。

藤沢は、歴史とは何かとか、社会の組織とは何かとか、文明論のようなものを書いていません。時代的制約のもとでこつこつと、切なく、必死に生きていく人間の姿を描き続け、多くの人の共感をえたのです。

（出典：朝日生命広報誌『ＡＢＣ』二〇〇八年八月号より）

日本の原郷へのまなざし

司馬遼太郎

司馬遼太郎 しばりょうたろう

（一九二三〜一九九六）

小説家。本名・福田定一。大阪外国語大学蒙古学科卒。1943年学徒出陣で満州に出征。陸軍戦車学校をへて戦車隊に配属され、その後佐野で終戦を迎える。復員後、1948年産経新聞に入社。京都の寺社回り・京都大学を担当。1956年「司馬遼太郎」のペンネームで『ペルシャの幻術師』を発表し、講談倶楽部賞を受賞。1960年『梟の城』で直木賞を受賞。翌年産経新聞を退社し、作家生活に入る。のちに司馬は「なぜこんな馬鹿な戦争をする国に生まれたのだろう。いつから日本人はこんな馬鹿になったのだろう」と疑問をもち、「昔の日本人はもっとましだったに違いない」と考え、「22歳の自分へ手紙を書き送るようにして小説を書いた」と述べている。司馬史観と呼ばれる独自の歴史認識をもち、乱世・変革期の群像を描いた『国盗り物語』『竜馬がゆく』『坂の上の雲』『世に棲む日日』などの小説で「高い視点からその人物を鳥瞰（ちょうかん）した」（『私の小説作法』より）。後年、次第に小説から遠ざかり、紀行『街道をゆく』、エッセイ『この国のかたち』で、日本とは、日本人とは何かをテーマに日本文化の本質を問う文明批評・日本社会批判を行なった。

モチーフとなった三島事件

『街道をゆく』――。この全四十三巻、二十五年にわたる連載は『週刊朝日』で一九七一年一月一日号からスタートしました。一月一日号は十二月下旬の発行ですから、司馬さんが第一回目の原稿を書いたのは、七〇年の十一月末か、十二月の初めであったと考えられます。

その直前には何があったのでしょう。私は全巻を読み直したとき、ハタと気づきました。――あの「三島由紀夫自決事件」です。

三島さんは一九七〇年十一月二十五日に、市ヶ谷の自衛隊駐屯地に乱入し、隊員を前に「戦後民主主義のからっぽさ」に憤慨し、アジテーションのすえに、その思いが通じないと確認して、自決しました。

私は司馬さんが『街道をゆく』を書いたモチーフは、この「三島事件」にあると考えています。それは事件が起きた翌日の毎日新聞に寄稿した司馬さんの「異常な三島事件に接して」という記事を読み直して確認しました。三島さんの行為を、温厚な司馬さんにしては珍しく、「さんたんたる死」「狂気の死」と激しく批判し、否定したのです。

コンクリートで固められ、均一化した風景を「本来あるべき日本の姿ではない」と悲しみ、「からっぽ」の日本を三島さんが憂いていたことは司馬さんも同じなのです。

自分のなかにある懐かしくて美しい日本――。それを経済至上主義の現代に対するもうひとつの日本の物語として描いてみたいという思いが、この『街道をゆく』を書く大きなエネルギーになったのだと思います。

司馬さんの『街道をゆく』シリーズは、美しい日本を「天皇の原理」に収斂した三島の自決に対する「アンチ・テーゼ」であるとさえ、私は考えています。司馬さんはそのスタンスで二十五年にわたり、亡くなるまで『街道をゆく』を書き続けました。

書き続けた日本人の美しい生き方

司馬さんが『街道をゆく』シリーズで書いたのは、道をつくり、水田をつくり、モノをつくった人たちの美しい生き方だった。日本人の土の物語、米の物語、砂鉄の物語、千枚田の物語です。

連載第一回目の『湖西のみち』に印象的なことが書かれています。

琵琶湖の西に「安曇」という地名があり、信州にも「安曇野」という地名があります。「安曇」というのは「あ・すむ」の意味で、「海洋民族がたどり着いたところ」を表しています。

同じような意味の「住吉」も海や川のそばにありますし、名古屋のそばにある「渥美」、福島にある「安積」と書いて「あさか」、静岡の「熱海」も、この「安曇」から派生したものだそうです。海洋民族の足跡をたどりながら、「海洋民族が東北までたどり着いた」と考えたのが司馬さんでした。

『街道をゆく』の『北のまほろば』編の連載が始まったあとに、縄文時代の三内丸山遺跡（青森市南西部にある縄文時代前期中頃～中期の大遺跡）が発掘されたのですが、司馬さんは三内丸山遺跡が発掘される前から、「東北は貧しくて文化がないと言われるが、その地下には古い文化の名残が残っているに違いない」と書いていました。

実際に発掘後、そこには高さ三〇メートルくらいの大きな神殿があったことが判明しました。このような大木の建物は、海洋民族が内陸に居を定めたとき、船が必要なくなり、その造船技術を使って神殿を高く高く建てたということです。

日本の原郷への思い

「懐かしい」――という表現は司馬さんの最大級の褒め言葉です。

『街道をゆく』には「懐かしい」という言葉が随所に出てきます。風景でいうなら、雨にかすむ湖、霧のわく山峡の町、粉雪を通して見る山城、残照の千枚田などです。

『湖西のみち』では、

「おうみ、やわらかい水のたゆたい、ぼうっと霞む淡海。そこに、雨がふる。粉雪がふる。水がにおい立つ。するとそこには国家ではなく、日本人の原郷のような風景がひろがる」

と、失われた日本の原郷への痛切な思いが描かれていました。

『越前の諸道』では、永平寺のけばけばしさを嫌い、大野の山中に建てられた宝慶寺へと道をとります。その宝慶寺に保存されている寂円禅師の画像を見て、「懐かしい」と記しています。

『芸備の道』では、水が豊富な備後三次へと足を延ばし、三次の川の流れや山峡の風景を見て、「どこを見ても日本の故郷」と感慨を述べていますし、『飛騨紀行』では長良川上流の郡上八幡城で、

「粉雪を通して見ているせいか、悲しくなるほど美しかった」

と書いていました。

それに対して、『坂の上の雲』の舞台である松山、『竜馬がゆく』のなかで大きな意味を持つ大洲、『花神』の村田蔵六（大村益次郎）と縁の深い土地である宇和島——。その地域をゆく『南伊予・西土佐の道』では、宇和島の変ぼうする様に、

「悲痛なほどである」

と、失望の極まった言葉で嘆いています。

合理主義的な精神の持ち主と見られていた司馬さんの内部には、同時にロマン主義的な精神が溢れています。

ロマン主義的精神とは、美しいものを見ようと思ったら「目をつぶれ」という精神の構

えです。目をつぶれば、コンクリートの建物も、排気ガスが充満する高速道路もありません。司馬さんの脳裏にはいつも、「懐かしい」日本の風景が広がっていたと思います。

司馬さんには走り抜けていく龍馬の姿が見えていた

多くの読者を持つ司馬遼太郎の作品のなかで、いちばん読まれているのが『竜馬がゆく』でしょう。しかも、いまでは女性の読者が多いのが特徴的です。

司馬さんは『街道をゆく』の二十七巻で、高知の「檮原街道」を歩いています。この道は坂本龍馬が土佐から脱藩したときに歩いた道です。檮原は山奥で人家も少ない土地ですが、そこに住む名もない人たちが山を切り開き、千枚田や棚田をつくってきました。

「そんな日本人たちが、じつは日本という国を作ってきたのだ」

と、司馬さんは書いています。

龍馬が「維新」を目指して土佐藩を脱藩し、「自由」の世界に出ていくときに関所を通らず、山道を駆けたのですが、檮原の人はそれをだまって見過ごしてくれました。

司馬さんは大きな街道ではなく、ましてやコンクリートの道ではない、袖すりあうような檮原の山道に人間の生き方がひそんでおり、日本人の本来の生き方があったと感じ取るのです。

ビジュアルシリーズの『街道をゆく』をつくる際、私は編集顧問を担当していて、そのときに『檮原街道』を第一回にすることを提案しました。そこに司馬さんが書きたかった日本人の究極の物語があると思ったからです。

万里の長城にも匹敵する千枚田や棚田をつくった檮原の人たちに思いを寄せる司馬さん、その地に立った司馬さんの目には、千枚田の間の細い道を走り抜けていく龍馬の姿がはっきりと見えていたに違いありません。

失われた日本への旅

司馬さんが注目するのは、海を渡り、日本にたどりついて、道をつくり、千枚田をつくり、米をつくり、砂鉄をつくり、木工細工をして営々とモノをつくってきた人々であり、そのモノづくりの文化です。

『新潟の道、佐渡の道』では、泥沼の地（がた）を水田耕作地に変えていった越後の人々の歴史に興味を持ち、『阿波紀行』では藍染めに、『羽州街道』では最上川と紅花に松尾芭蕉と正岡子規の句を重ねることで、風土と文化、その土地に生きる人々の気質に思いをめぐらせました。

『飛騨紀行』では、飛騨の匠に関心を寄せ、墨縄や墨つぼを使っていた飛騨の匠がすでに『万葉集』に登場していることに言及し、彼らが材木に墨縄を打つ瞬間に思いを馳せています。

司馬さんは、うっかり見過ごしてしまいそうな小さいもの、隠れたものに目を届かせ、そこから想像の翼を広げていきました。さらに、渡来人が日本の風土にどのようにとけ込み、文化をつくったかに深い関心を寄せていました。

『芸備の道』では水辺の町から、古代日本に砂鉄や稲作の技術を持って入ってきた渡来人が、日本の美しい風景に対峙した光景を想像しています。『因幡・伯耆のみち』では、渡来人がどのような土地を好み、「まほろば」を見いだしたかと心を遊ばせていました。

一九八〇年代以降、司馬さんは次第に小説から離れ、『街道をゆく』へと仕事の重心を移していきました。『街道をゆく』に描かれている「もう一つの日本の物語」は、司馬さんの「失われた日本への旅」という趣があります。

司馬さんが亡くなって（一九九六年二月十二日死去）早いもので、十二年がたちました。その間に日本はどう変わったのでしょうか。司馬さんが書き綴った「懐かしい日本」の原郷をいま一度、たどり直してみることも意味のあることだと思います。

私なら『檮原街道』『湖西のみち』『因幡・伯耆のみち』などをたどってみたいですね。

「隠岐騒動」の事跡を訪ねて

鳥取県で講演をするのは初めてであります。

しかし、私と鳥取県との関係は一九六五年の二月から始まっていると思います。

いまから四十三年前、当時、私は十九歳でありました。そのとき大学の一年生でしたけれども、隠岐島の明治維新といわれている「隠岐騒動」、いま私は「隠岐島コミューン」と呼び替えておりますが、その事件に関心があった。

というと、非常に高尚に考えられますが、

「あそこに行ってみたい。そして、歴史上ではほとんどわかっていない隠岐騒動の事跡を見てみたい」

——そう考えて、境港から冬の隠岐島に渡ったわけであります。

幕末に、隠岐の人々が松江藩士と郡代を追放し、松江藩から独立して八十一日間の自治政府をつくったあとで反撃され、戦争を仕掛けられて、十四人の戦死者が出てしまうという大きな事件ですが、歴史書にはほとんど書いていなかった。

その結果とすれば、松江藩と隠岐島というのは非常に関係性が悪くなるわけですが、そのとき隠岐島の人々が頼りにしたのは鳥取藩なのです。

そういう関係もあって、山陰線を使って境港へ行きました。いまは伯備線で一気に松江まで、東京から夜を通してくれば簡単にこられますが、四十三年前は、山陰線でくるしかなかったのです。

その一九六五年の二月、雪の降っているときでありました。

夜を通して走って、朝、目が覚めたら日本海には雪が降っておりました。しばらくして、余目(あまるめ)鉄橋を通り過ぎたあたりだったでしょうか、野原の真ん中で「降りてください」といわれた。そこには無人の駅があって、人が誰もいない。全員汽車から降ろされて、そこで松江のほうからきた山陰線の列車に乗り込んだ……。

京都のほうからずっときて、雪の降る野原の中で降ろされて、地面を降りて、別の路線の列車に乗って松江のほうに行った、という記憶があるんです。雪が降っていたせいもあり、私のなかでは半世紀近くも前の話ですから、いつのことだったのかな、夢のことだったのかなというふうな、そんな思いさえする不思議な体験でありました。

日本人のモノづくりの物語

先ほど、ここ倉吉にくる途中、東郷という町を通ってきました。東郷温泉があって、東郷温泉の看板の下に「温泉と二十世紀梨の町」と書いてありました。

「二十世紀梨」というのは、私たちが小さいときからたくさん食べて、日本でいちばんおいしいと思っておりました。二十世紀梨がおいしいというのは、司馬さんもこの『街道をゆく』の『因幡(いなば)・伯耆(ほうき)のみち』の中で書いております。

司馬さんというのはおもしろい人で、梨のことにこだわり始めると、「二十世紀梨をつくった最初はどこか」「その技術はどこで開発したのか」「産地はどこか」と、調べ上げていくんです。そして、三つの説を挙げております。

一つはもちろん鳥取で、そこでは一つひとつ紙の袋に包んで、そしてていねいに栽培します。そうしないと虫が付いてしまう。甘い香りを出しますから、ものすごく虫が寄るのです。

もう一つは奈良で開発されたという説。そして三つめの説として、千葉県の松戸という説を挙げています。この松戸は、じつは『南総里見八犬伝(なんそうさとみはっけんでん)』で有名な里見ととなり合わせた村で、松戸の中のいちばん端なのです。その「里見梨」の技術というものも、ちゃんと司馬さんは、「どこかでごみ溜めに捨てられていた梨の実から二十世紀梨が生えたんだ」という伝承があるんですけども、そのことを詳しく調べ上げています。

つまり司馬さんは、梨でもそうですが、「倉吉の千刃(せんば)」いわゆる昔の脱穀機(だっこくき)ですが、その千刃は「いつできたのか」ということにこだわる。もともと「踏鞴鉄(たたらてつ)」、砂鉄を踏鞴(たたら)で熔かしてそれを金具にしていく、農作業の道具にしていくのですが、そういう千刃、あるいは墨つぼ、あるいは梨、そういったモノに非常にこだわるんです。

この『街道をゆく』の『因幡(いなば)・伯耆(ほうき)のみち』のいちばんおもしろいといえるのは、ほとんど人の名前が出てこないことです。ところが、「檮原(ゆすはら)街道」というくだりでは人の名前がたくさん出てくる。これは坂本龍馬が脱藩をしていった道を扱っていますから、その同志たちの名前とか、明治維新のときにどういう人が活躍したかなどという話も詳しく触れているわけです。

けれども、司馬さんの、思想ではなくモノへのこだわりもあって、『街道をゆく』のところで書いているのは、その檮原の道でさえ、人間や思想のことよりも、その山中に、ほとんど水が無い山肌のところに石を砕いてそれを積み上げ、そこに下の谷川から水を汲み上げて棚田をつくっていった人々の物語です。

司馬さんにとって、日本人の物語は、日本人の生き方は、このようにモノをつくっていくことにありました。

檮原の千枚田——。私も見に行ったことがあります。

「千枚田の棚田は、万里の長城に匹敵するような人間の営みではないか。これが人間の、日本人の生き方である」

というところに注目をするのが、この『街道をゆく』シリーズの特徴なのです。

人間がどのようなモノをつくって生きてきたか、そして自分たちの生き方を、そのモノづくりによって築き上げてきたかという物語なのです。

「松本さんとぼくは似ているね」

この『因幡・伯耆のみち』をもし私が書くとすれば、まず「鳥取」という名前から入っていくのが筋じゃないかと考えてしまう。鳥取県の名前の由来です。

『日本書紀』の中に、伝承の天皇である垂仁天皇というのが出てきます。日本武尊のもう

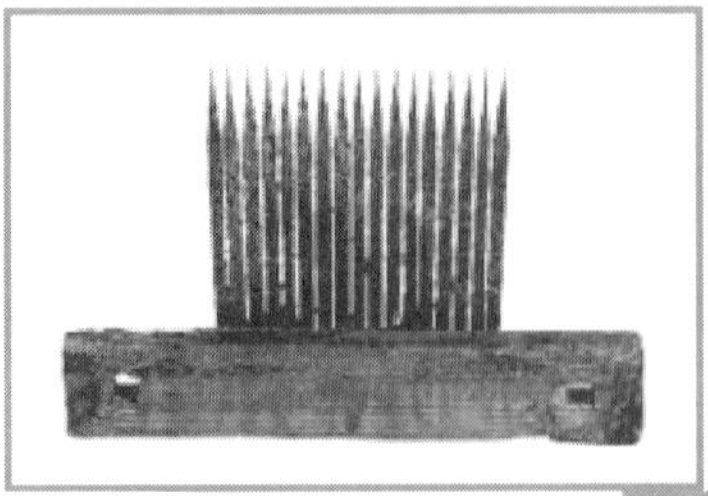

伯州倉吉千刃
和鉄製と考えられる稲扱千刃。17本の穂（刃）を持ち、穂が洋鉄にくらべ薄く、短く、幅が広い。（写真：倉吉観光情報より）

墨つぼ
（写真：www.hansbrunnertools.gil.com.au/imagesGallery/sumitsubos.jpg より）

檮原の千枚田
（写真：shikoku-net.co.jp より）

少し前の昔の話です。神武（じんむ）天皇の時代に近い人です。

その垂仁天皇が、自分の子どもが三十歳になっているにもかかわらず、一言もしゃべらない。天皇だって親です。心配でしょうがない。ところがあるときに、とつぜん目の前に飛んできた鳥、白鳥のクグイ（鵠）を見て、初めて言葉を発した。

昨日調べましたら、広辞苑には、クグイは「白鳥（ハクチョウ）の古称、昔の名前である」とありました。だから、白鳥と「シラトリ」のクグイというのは重ね合わさっているわけです。

ともかく、その白鳥のクグイが目の前に出てきたので、三十歳を過ぎた皇子（おうじ）が、とつぜん言葉を発した。それを聞いてお父さんの垂仁天皇は大喜びをして、

「あの鳥をつかまえてきなさい」

と、部下に命令します。部下はそのあとを追いかけて、大和平野のほうからずっときて、一説によると出雲の国で捕らえた。別の説では但馬の国で捕らえたとあります。

とにかく捕らえて、宮廷に持って帰ってきたので、

「おまえ、よくやった。褒美（ほうび）を取らそう」

といって、「鳥取造（ととりのみやつこ）」という名前をくれるわけです。

鳥を捕らえてくる職業と、それにエサをやる職業と、そういうものがたくさんあって、それを全部統括する役職を「鳥取造」と名前を付けてくれた。これが鳥取県の始まりであ

ると私などは昔から考えていますから、そこからどうも物語を始めたくなってしまう。
ところが司馬さんは、この『日本書紀』に出てくる話を書かない。書いていないと思います。司馬さんは、最初に鳥取に入ってきて、まず「今木の里」にくる。「今木」というのは、「今来た人」という意味です。つまり、最近日本に渡来してきた渡来民族の土地であるという意味で付けられた「今木の里」、「今木の丘」というところから記述を始めていくのです。

「今木の丘」というのは、古くからではなく、その当時の日本に新しくたどり着いた「渡来民の里」のことです。これは、ここにきた人々が踏鞴製鉄をする技術者、そこらへんは書いてありませんけれども、たぶんそれに近い朝鮮からの人だった。

それはとなりの島根県の斐伊川の周辺を見ればわかります。斐伊川は出雲大社のところまで流れてきていますが、あのへんはみな砂鉄山地で、私は、日本でいちばん美しい色をした川というのは、その「斐伊川」だと思っております。なぜかといったら、川の砂浜がぜんぶベージュ色、黄土色なのです。その砂浜の上に薄く水が流れています。ですから、深い青にならない。エメラルドグリーンなのです。ちょうど、地中海のギリシャの海の感じの水の色になってしまうのです。

斐伊川の源流は、素戔嗚尊が降り立ったところですが、千年にわたって砂鉄を掘り続けた。その結果、川の砂浜がその砂鉄の錆び色で赤く染まって、これが「八岐大蛇」の形容になるわけです。八岐大蛇というのは、頭と尾が八つに分かれていて、ただれた腹からは赤い血を流している。そういう「異様な体を持った蛇である」と書いてあります。この蛇の格好は、まさに斐伊川の赤い砂が流れてくる形容だと思っているわけです。

いずれにせよ、砂鉄の採掘技術、砂鉄を熔解し玉鋼をつくる、そういう技術を持った人はだいたい朝鮮半島から渡ってきています。そう考えると、まさに「今木」は、朝鮮半島から最近来た人々のたどり着いた里なんだろう、丘なんだろうと思うわけです。

日本のかたちを読み解いていった司馬さん

鳥取市の西部に白兎海岸があります。ここに、白ウサギとワニの神話が残されています。このワニはワニザメだといわれておりますけれども、実際には「本当のワニだろう」と司馬さんはこだわっています。「日本にだっていたんじゃないか」、と。

私は日本にワニはいなかったと思いますけども、しかし、因幡から石見浜田のあたりまでは、「ワニが海から山の川の中腹まで、美しいお姫さまを慕ってのぼってきた」という話が島根県に残っています。「鬼の舌震」というところです。いかにも恐ろしい名前ですが、もともとは「ワニの恋山」といっていました。江戸時代まではそうでした。

ワニが海からのぼってきて、陸のお姫さまに恋をした。それで、「恋」という字を書いて「したう」山です。「ワニがのぼってこないように」といって、お姫さまが岩で邪魔する。やはり美しい人は怖いですね。ワニが恋した山、そこにいまは奇岩がゴロゴロ転がっているために、これ以後「鬼の舌震」という怖い地名になっています。

『古事記』の中にも同じような話が出てきます。

「黄泉比良坂」（「よも」は「よみ」の転で、「つ」は「の」の意から黄泉〈死後の世界〉と現世との境にあるという坂）、これはとなりの出雲の話でありますけれども、一度死んでワニの姿になった伊邪那美命が追いかけてくるので、この坂で岩で穴をふさいだという話があります。

「因幡の白ウサギ」（「因幡の素兎」とも）の話はみなさんもご存知のとおり、淤岐島から因幡に渡るために、ウサギが海の上に並んだワニの背を欺いて渡るが、最後にワニに皮をはぎとられるという話です。

これは実際には島根県の隠岐島ではなくて、白兎海岸の前にあるウサギの格好をした小さい島、「沖の島」の伝説だという説もあります。私は、日本海の中にある隠岐島から鳥取までの話だという気がします。

このワニとウサギのほとんど同じ話が、インドにもインドネシアにもあるのです。

インドでは、ウサギが海の上を渡るためにワニを並べて、「数えてあげる、あなたの仲間は何匹いるか」といってワニの背を渡るという筋立てです。

インドネシアのそれはウサギではなく、小鹿がそういうことをする筋立てになっています。小さな鹿が「数を教えてあげる」とだまして、ワニの上を渡る。それで噛みつかれる。

だました自分のほうが悪かった、という話にしているわけです。

そういった一連の話は、じつは、ワニが海の民族、海を渡ってきて、海で魚獲りをする民族であり、そしてウサギが山の、陸の民族である。この陸と海との民族のせめぎ合ったところ、そしてあるときには争ったかもしれない。そういう場所がこの鳥取、伯耆と因幡の国が、ここである。

——そういう読み解きで、司馬さんは、陸と海とがせめぎ合っているところ、重なり合っているところ、そしてそこに住み続けてきた人々の物語だと書いているのです。

そういうことを調べていくと「楽しくてしょうがない」という感じで書いてあります。

あるとき、司馬さんに、

「松本さんとぼくはよく似ているね」

といわれたんです。

「とにかく調べるのが好きだ。二十一ぐらい年齢は違うのですが、本当は調べるだけで人生を楽しく終わりたかった」

といっておりました。とにかく調べるのが好きで、「そこが似ている」とおっしゃってくれたことがあります。

「くだらない」話

司馬さんの本を読んでいると、「ヘェー、知らなかったな」「初めて知ったな」というこ

鬼の舌震（したぶるい）
島根県奥出雲町にある渓谷。斐伊川支流の大馬川上流に位置するV字谷で、国の名勝である（写真：MAPPLE 観光ガイドより　www.mapple.net/spots/G03200071902.htm）

白兎（はくと）神社〈下〉
神話「因幡の白うさぎ」の舞台。（写真：鳥取市観光協会ホームページより）

白兎海岸
白ウサギが上陸したと伝えられているところで、気田（けた）岬の東には「白兎神社」がある。その沖合にワニの背のように並んだ岩礁があり、その先に淤岐ノ島がある。手前の島がウサギのように見える（写真：MAPPLE 観光ガイドより　www.mapple.net/byarea/0601000000/guide_all.htm）

とがいっぱいあります。

この『因幡・伯耆のみち』の中で、「ゲテモノ」の話が出てきます。「ゲテモノ」という言葉は、私たちもよく使います。「ゲテモノ食いじゃないか」といったりします。

この「ゲテモノ」というのは、「上手物」と「下手物」の対比です。「上手物」というのは、京都でつくる、たとえばお茶器とか、あるいは漆塗りとか、これはもう精巧で上品で、朝廷に献上するようなもの、そういうものが上手物なのです。

柳宗悦（一八八九～一九六一）さんは日本の民芸運動の創始者でありますが、その民芸品というのは、地方でお茶碗で使っているものの素朴さです。素朴であるけどもなんとも味わいが深い。そして地方によってぜんぶ色が変わってくる。そういうものが上手物ではなくて、「下手物」になるのです。要するに民芸的な、素朴な、悪くいえば粗雑な作品も、昔のお茶碗なんかありますから、そういうものを下手物というんだと。

そのように、司馬さんが歴史の話で書いているなかで私は学んだわけであります。

「くだらない」という言葉があります。「あいつはくだらないやつだな」とか「くだらないものですけれども、お土産に持ってきました」などといったりします。

「くだらない」というのは何だろう――。それを「何だろう」と考える人が珍しいのです。ふつうの人なら、ふだん使っているものを「これは何だろう」とは改めて考えません。

ところが司馬さんというのは、そういうことを調べていくのが好きなんですね。

京都は昔から「着だおれ」といわれます。大阪は「食いだおれ」ですが、たとえば京都の西陣織の帯とか、今年の新しいファッション、つまり新しい着物をつくって「いいものをつくったでしょう」といって、一回みんなに見せびらかせば、それですぐ古着屋に出してしまう。ニューファッションですから、来年になったらオールドファッションになってしまう。

そうすると、京都の古着屋さんが北前船に乗って、秋田とか富山とかそういうところに売りに行くわけです。ほんの十日前まで京都でつくったばかりのニューファッション、流行の最先端の、まだ人が一回しか手を通していない着物を「こういう新しい着物が京都でできましたよ」といって売りに行く。そうすると、地方の人はみんな喜んで買うわけです。だから古着屋さんは儲かるのです。

たとえば宮沢賢治（一八九六〜一九三三）とか太宰治（一九〇九〜一九四八）は、皆さんもご存じのとおり、有名な詩人、小説家であります。じつは、この二人の実家は古着屋さんなのです。

文学研究者にいわせると、あの二人の家は東北にあって、宮沢賢治は岩手の花巻、太宰治は青森の金木で、両方とも古着屋をやっていて、そういう人の着古したボロを売って儲けた。そしてそのお金で土地をたくさん買って大地主になった。いってみれば、汚い商売をして成功して、息子が文学者になれたのだ。だから自分の家に対しては非常なコンプレックスを持っている。家は裕福だけれどもコンプレックスを持っている。だから宮沢賢治は、できるだけお金を、法華経（ほけきょう）を写して、みんなに救いを分け与えようとした。そういうふうに考えたんだ、汚い商売だ、と批判しているんですね。

そうじゃないんです。江戸時代はその古着屋さんは、京都から下ってきたニューファッションを、十日後に、あるいは一カ月後に、「これが今年の秋の流行ですよ。いま持ってきたばかりで、誰もそのあいだ手で触っていませんよ」といって、京都の文化、京都の着物、京都の食べ物というものを卸（おろ）すのです。だからこれは良いもので、京都からの「下（くだ）り物」なのです。京都から下ってきていない地元のものは、いくらおいしいといっても下っていないですから、「くだらない」のです。下っているものが良いのです。

――という文脈でいうならば、太宰の家も、宮沢賢治の家も、そういう「下り物」をできるだけ早くお金持ちのところに届けてやれば、「京都のこれがニューファッションですね」と喜んで買うわけです。しかも、先端文化の香りが付いている。それで高く値段が付けられるということなのです。

絵を描いて教えてくれた白旗伝説

あるときに、私は『白旗伝説』（新潮社、一九九五）という本を書きました。

白旗を上げたら「敗北を認める」というメッセージだということは、日本人はいまの小学校一年生ぐらいでも知っています。

では、日本人はいつからそのことを知ったのだろう。

白旗を上げるというのは「敗北を認める」ことだという事実に興味を持ったんです。だけど、いままでこんなことを書いている人はいない。

江戸時代はどうだったのか。

というのは、ペリーが一八五三年に日本に「開国と通商」を求め、開国と通商をしないというのであれば「戦争を始める」といってきます。そうなれば当然、日本のほうが負けます。文明のアメリカが勝つから、

「そのときには白旗を掲げなさい」

といって、二本くれるんです。そのとき初めて、

「なるほど、白旗を掲げたら敗北を認めることなのか」

ということを知るわけです。「敗北を認めたら、われわれはもう大砲を撃たないから」と書いた手紙付きで、白旗二本をくれた。ここから日本人は「白旗」を知るようになった。白旗のメッセージを知るようになった。

では、その以前は敗北を認めるというのをどういうふうに敵側に伝えたのか——。

これを考え始めるとわからなくなっちゃうわけです。

私はそのときに、日本で、もし知っているという人がいるとするならば、私の大学のときの先生であった丸山眞男教授か、もしくは司馬さんだろう。私は大学の丸山先生とも付き合いがあるし、司馬遼太郎さんとも付き合いがあって手紙の交換もしておりましたから、二人に手紙を出して相談をしました。

激しい戦争をして「もう負けた」というときに、どういうふうに相手に「自分たちは敗北を認める」「和睦を申し入れます」と交渉したらいいか、ということを相談してみました。そしたら、丸山眞男教授は、

「そんなことは知りません」

といってきました。ただ、「私が知っているものでは、『日本書紀』の中に、戦争に近い争いごとをして、自分たちはもう降伏するからというときに、素旗を上げたという伝承があります」と手紙に書いてきてくれました。

この「しらはた」というのは「白い旗」ではありません。「素旗」と書きます。

素旗は、当時は何者にも所属していないという意味です。白く染めてある旗は源氏、赤く染めている旗は平家の旗です。だから『平家物語』に出てくるのです。

平家の女官が、「屋島の戦い」（源平の合戦。一一八五）で、「関東の猪武者」に向かって、「あなたたちはそんなに武勇が得意だといっているけど、さあ、この扇を落としてごらんなさい」と舟に掲げた扇の的を指し示します。

すると、下野の那須与一が鏑矢を撃って見事に扇を射落とす。あのときの平家の扇には赤地に金の丸が描かれていました。源氏の源義経が持っている扇は白地に赤の日の丸です。

二〇〇〇年の国会で、憲法についての講演会を頼まれたとき、私は、

「源平の戦いのときに、もしも平家が勝っていたら平家の旗は赤旗で、日本の印が日の丸ですから、赤地に白の国旗になっていたんですよ」

といいました。

よく、「白勝て、赤勝て」と、小学校の運動会でもやっていますね。あれは、「源氏勝て、平家勝て」というふうに、千年前にできあがった日本の文化なのです。白旗を掲げたら「負けを認める」というメッセージは、その時代にはなかった。

では、この時代は負けを認めるときにはどうするのか。そのときに司馬さんが、

「こういうふうになっていました」

と、絵を描いてきてくれて教えてくれたのです。

それは、戦国時代とか江戸時代までは、槍というのはいちばん長いのは三間、五メートル四〇センチあるんです。その槍の上に、矢が当たっても大丈夫なように鉄の陣笠を乗せて、これを左右に振る。高さ五メートル四〇センチある馬なんていませんし、人間でもそれだけの高さはありませんから、槍の上で左右に振ると、その高さで誰かが首を振ってい

るように見える。当然、相手はこれを見た瞬間に、

「何かいいたいことがあるんだな」

とわかるわけです。

司馬さんはそれを絵に描いて、赤字をつけたり、黄色の字をつけたり、青で線を引っ張ってくれたりして、原稿用紙を何枚も使って絵を書いてくれた。

それが戦国時代、江戸時代までの、日本人が相手方に和睦を申し入れるとき、あるいは何かいいたいことがあるとき、もう戦争はやめたいと申し入れるときに使う印なんですよと、司馬さんが細かく書いてきてくれたのです。

これには後日談がありまして、この『白旗伝説』を発表したあと、司馬さんに掲載誌を送りましたら、

「それにしても白旗とは、ふしぎなものに関心をおもちになったものですね」

と、感想を寄せてくれたのです。また、本が出たあとに送りましたら、

「〝白旗の少女〟に出会われたこと、人生とはそういうときのためにあるのでしょうね」

と、人生の達人らしい寸言の入った便りをいただいた。司馬さんというのは、このように、あたたかいひとでした。

こういう手紙をもらっているから、私とすれば、司馬さんは亡くなってもう十二年がたちますけれども、「懐かしいな」と思う人のひとりであります。

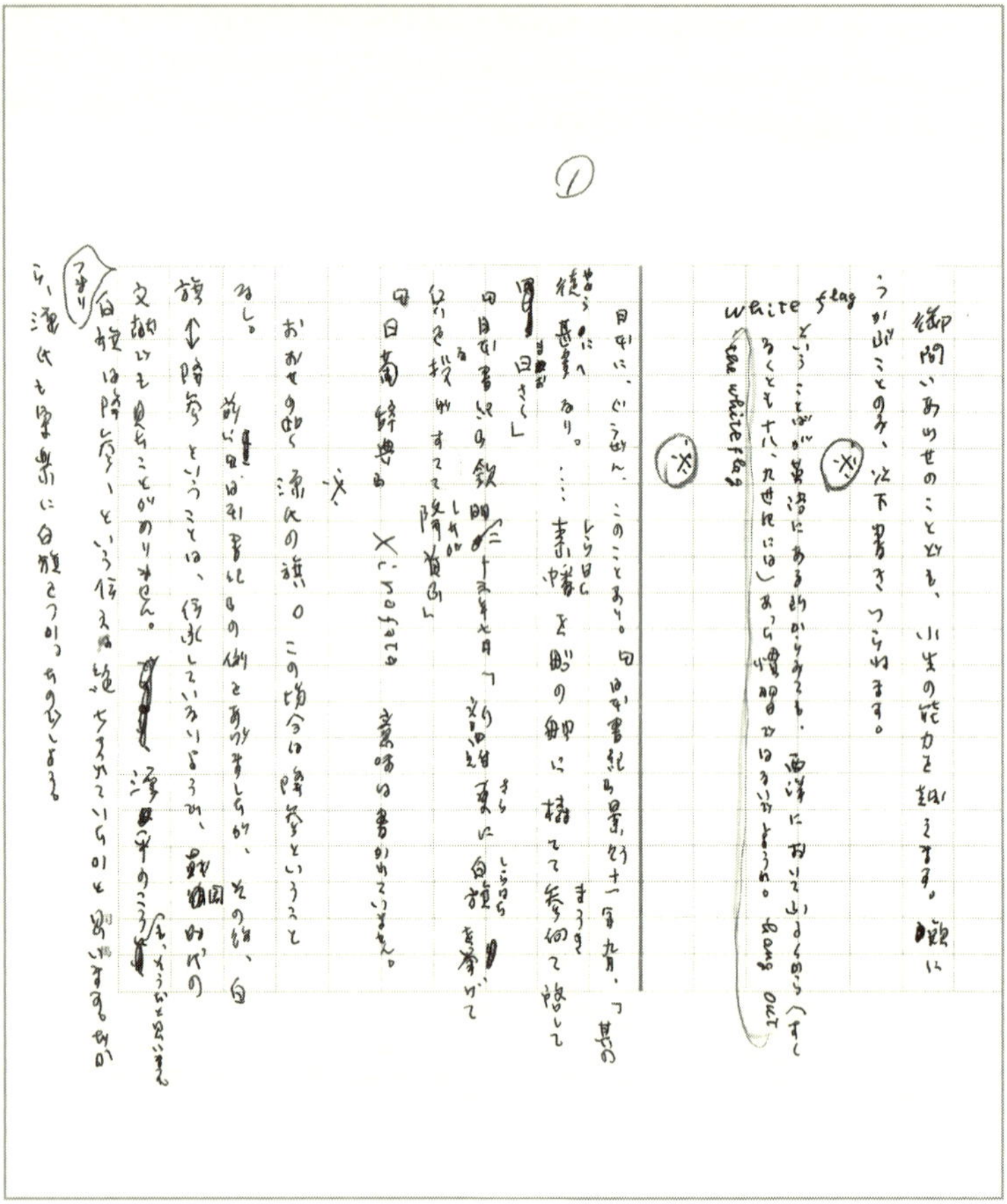

司馬遼太郎さんからの手紙
（白旗伝説の問い合わせに対する返事）

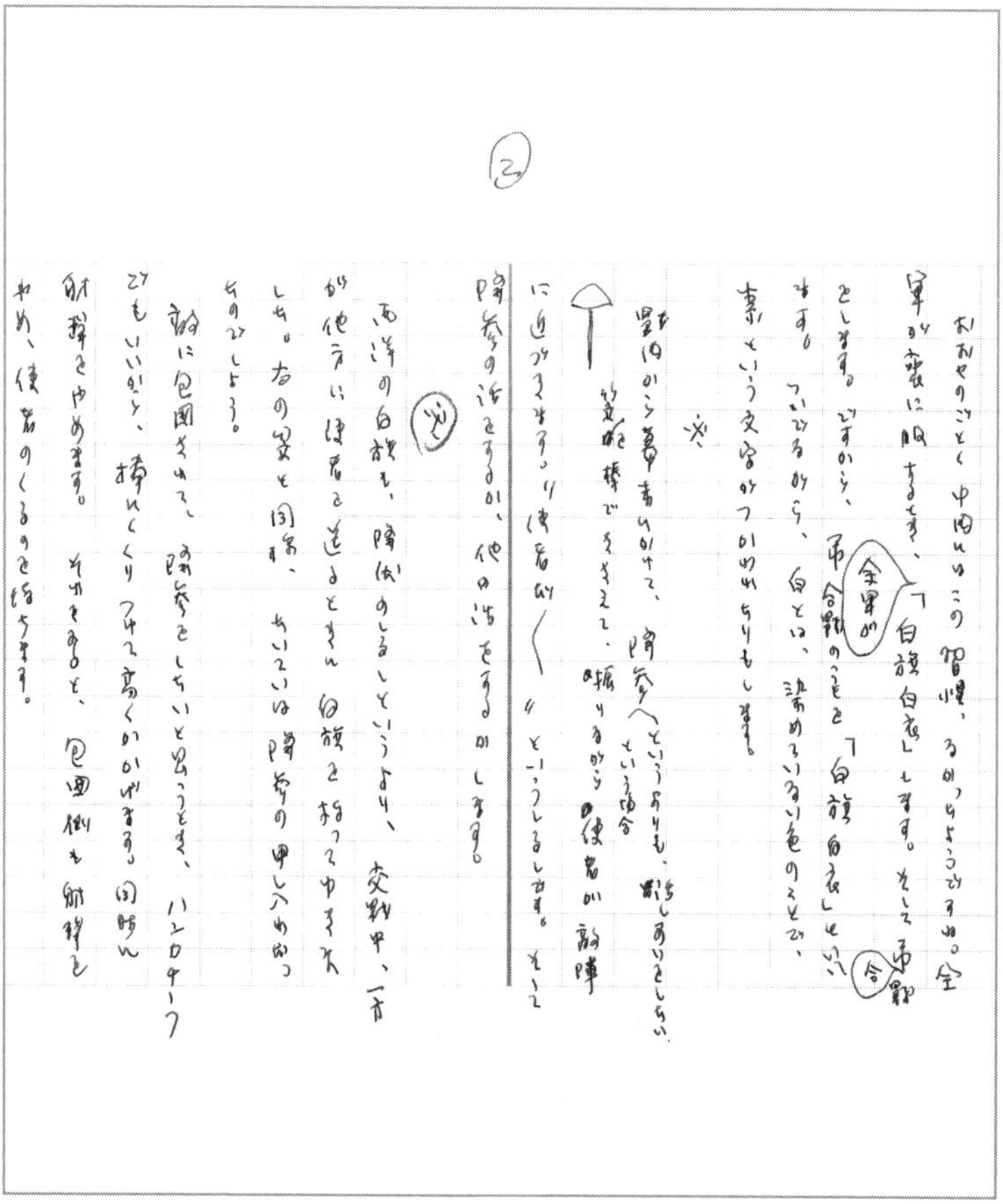
②

おおやのごとく中国ではこの習慣、ろがつちようですね。全軍が衆に降するとき、「白旗白衣」とします。そして合戦のことを「白旗白衣」といいます。ですから、全軍が合戦のことを「白旗白衣」といいます。ついでながら、白とは、染めていない色のことで、素という文字があてはめられたりもします。

※

城内から竿書きかけて、降参へというよりも、戦いをしないという場合
竹竿か棒でささえて、振りながら使者が敵陣に近づいてまいります。使者が〃と一つうしるします。そして降参の話をするのか、他の話をするのかします。

※

西洋の白旗も、降伏のしるしというより、交戦中、一方が他方に使者を送るときに白旗を持ってゆきました。右の例と同様、たいていは降参の申し入れだったのでしょう。

城に包囲されて、降参をしたいと思ったとき、ハンカチーフでもいいから、棒にくくりつけて高くかかげます。同時に射撃をやめます。それをみると、包囲側も射撃をやめ、使者のくるのを待ちます。

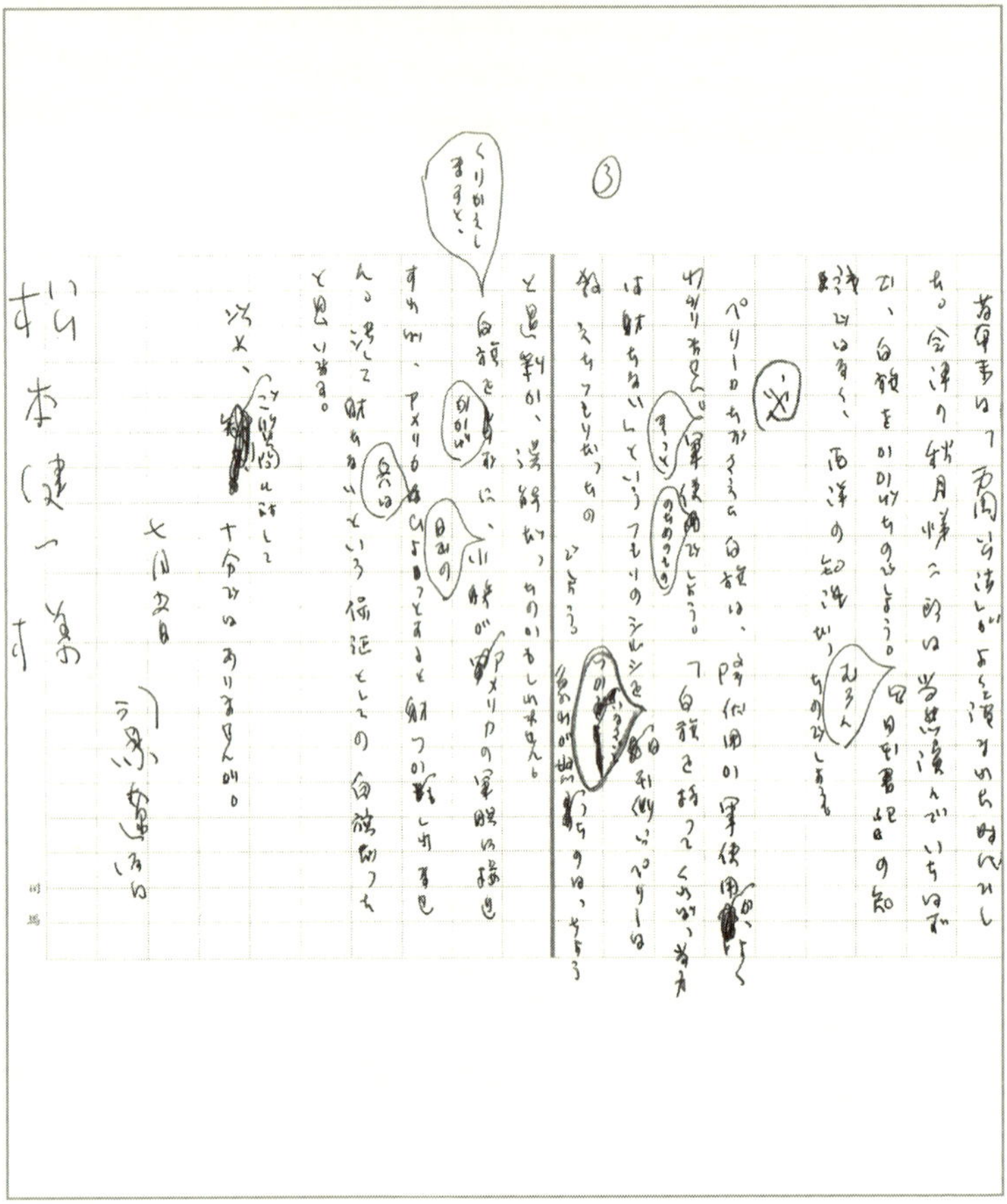

売れたビジュアル版

四年ほど前（二〇〇四）、私は司馬さんの『街道をゆく』（朝日新聞社）全四十三巻の解説を書きました。そういうかかわりもあって、『週刊　街道をゆく』ビジュアル版（朝日新聞社、二〇〇五年一月三十日号〜二〇〇六年三月十四日号）をつくることになったわけです。『因幡・伯耆のみち』は倉吉（くらよし）から始まっています。倉吉の町の写真が入って、そして本文に入っていくという構成で、それに作家たちが紀行文をひとつ書いてくれるというかたちになっています。

このシリーズ、じつは初め五〇巻の予定でした。それが最終的には六〇巻になりました。日本と、朝鮮半島、それから中国などを入れて五〇巻でやるということでしたけれども、そのときに、たとえば有名な作家の人に旅行記を書いてもらうかたちで、倉吉は誰、沖縄は誰と、いろんな地方にぜんぶ割り当てるわけです。

ところが、編集担当者は、

「松本さんにはどこにも行ってもらうつもりはありません。でも、原稿は毎号書いてもらいます」

というのです。

「何でですか？」

「松本さんは日本全国どこでも行っているでしょう。だから、全巻解説をしてもらいます」

そして、

「机の前に座って、日本全国の道のことや、その地方の文化や、歴史や、そういうことに、司馬さんがどこに関心を持ったか、そういうことの解説を書いてもらいます。全国すみずみ知り尽くしているでしょうから、改めて歩いて行く必要はないでしょう」

といわれ、結局、机の前で五〇巻、一年間ずっと、原稿を私は書き続けました。

そうしましたら、このシリーズが売れたんです。担当した編集長と副編集長は二人とも女性なのですが、彼女らが誰にこの雑誌を売ろうかというコンセプト、目的をはっきりさせた。

いまいちばんお金を持っていて、社会的な地位もあるけれども、しかし週末や、夏には、秋には、どこかグルメの旅行もしてみたい。しかしそれだけでもつまらない。きっと、その土地の物語、そこの人の暮らしぶり、そこの風土の香り、そういうものを味わってみたいと思っているに違いない。

——そのコンセプトに立って、いまいちばんお金を持っていて、時間が自由になりかかっている三十~四十代の女性をターゲットにしたというのです。

司馬さんのファンというのは昔からずっと、とくに『坂の上の雲』などのファンは「ビジネス戦士」といわれ、日本の高度成長を支えてきた「おじさん」です。いまちょうど定年になりかかっている人々であります。そこの人々がいちばんのファンであった。私よりもちょっと上の人です。一九六〇年代に、「企業戦士」といわれていた人々です。『坂の上の雲』は一九六八年~七二年まで、『竜馬がゆく』は一九六二年~六六年、『燃えよ剣』も一九六二年~六四年です。そのあたりが、司馬さんがいちばん歴史物を書きました。その世代に男性のファンがいっぱいいいるわけです。

しかし、そのファンに売ろうというのではなくて、三十代~四十代の女性に売ろうとした。そしたら、結果としてそれが当たった。読者の三割~四割がその世代の女性で、ピタリと焦点が合った。だから、編集長が誰であり、どの世代にターゲットを絞るかということは非常に重要です。つまり、誰に目標を定めて雑誌を出していこうかということが、やっぱり重要です。

アラン島にゆく

五〇巻出して、それが売れましたから、その勢いで「海外版」もつくろうということになり、一〇巻をつくり、それで六〇巻になったのです。そこでようやく、

「松本さん、こんどは好きなところに行っていいですよ」

ということになり、私は、

「アラン島に行きたい。アイルランドに行きたい」といって、アラン島まで行きました。「司馬さんも行ったアラン島に行ってみたい」と思ったのです。だから私の紀行文は一つだけなんです。全巻解説ですけど、紀行文は一つだけです。それはアラン島に行ったときのことを書いているんです。

行ってみるとおもしろいですね。アラン島は日本とは違って、豊かな田んぼがあるとか、木々が生えた山があるとか、そんなものいっさい無いのです。アイルランドもそうですが、その離れ小島のアラン島も一つの岩でできている。島全体が一つの岩盤でできているのです。羊なんかも飼っているのですが、岩の上に三センチぐらいの土しかない。三センチの表土しかないわけですから、四～五センチの草しか伸びないのです。

いちばん大きな草木はアザミです。それ以上の高さの植物がない。それほど痩せた土地です。三センチの表土を集めてなんとか畑にしても、三〇センチぐらいしか土がありませんから、ジャガイモを栽培しても小さいのしかとれません。ビー玉の大きさぐらいです。

町のレストランといっても一軒しかない。そこに行くとメニューがあって、最初に書いてあるのが『ベビーポテト』で、「ベビーポテトって何だろうな」と思って頼んでみたら、やはりビー玉ぐらいの小さなジャガイモで、これを塩ゆでにしているだけです。これが伝統的というか、そこの常食なんですね。それぐらい草が生えない岩盤の島です。

ですから、生きていくのが大変なのです。

そういうところで、人々は何によって生きていくか。

モノに頼って生きていくことはできませんから、彼らは、詩によって、文学によって生きていく。あるいは現実にはいない「フェアリー」という妖精に自分たちの話し相手を求め、物語を語る。そこでアイルランドは文学の国になっていくわけです。

村上春樹はノーベル賞をとるか

一昨日、私は、ＮＨＫの渋谷局に半日詰めさせられていました。

「もしも村上春樹がノーベル賞をとったら、そのときには村上春樹の文学はどういう本質と性格のものかということを語ってください。テレビが九時からあります。そのあとラジオがあります。明日の朝もあります。三つ出てください」

といわれたからです。

「村上はとらない」

といいました。三年前から「とらない」といっています。

三年前に、「村上春樹はノーベル賞をとりますか」というので、

「とらない。トルコのオルハン・パムクがとる」

といいましたら、そのとおりになった。それで私の信用は絶大になったんです。

ですから、毎年この時期になると、ＮＨＫから「村上春樹さんがノーベル賞をとったら、

そのときは話してください」といわれて、毎年、毎年、待機させられているわけです。今年（二〇〇八年）はノーベル物理学賞を日本が三人（小林誠・益川敏英・南部陽一郎）とって、そして化学賞も一人（下村脩）とりましたから、もしかするとこの勢いで村上さんがとる可能性も高いといわれて待機させられておりました。

司馬さんも見に行ったレプラコーン

文学というのは、実際の生活、現実の価値に頼っては生きていけない、あるいは他人の価値観に頼っては生きていけない、何とか自分たち固有の価値や物語をつむいで、それによって生きていこうとします。

日本はこれまでノーベル文学賞を二人（川端康成・大江健三郎）とっていますけど、アイルランドは四人とっています。たった人口三五〇万人の国であります。フェアリー（妖精）を信じる国であります。信じようとする国であります。ですから、ラフカディオ・ハーン（小泉八雲。一八五〇〜一九〇四）がアイルランドから出て、松江にきて、「日本は神のような国である」と書くわけです。フェアリーの物語がいっぱいあるのです。

司馬さんは、この『街道をゆく』の中でアラン島のことについて書いています。アイルランドのことについて、詳しく書いてあります。

そこに「レプラコーン・クロッシング」のことが出てきます。レプラコーンというのは、

「靴直しの小人」のことです。靴を直す技術を持った小人がいて、その小人は靴直しの技術がとてもうまいために、お金をため、隠し持っていると信じられています。

アイルランドの南部に行くと、この山道には「レプラコーン・クロッシング」、小人が通り過ぎるかもしれないから車を運転する人は注意してください、と標識に書いてある。

そういう交通標識があるということをたまたま司馬さんが知って、

「ぜひ見たい」

といい、見に行きました。司馬さんはそれを見て、

「あー、見てよかった。行きには見られなくて、帰りに見られた」

と書いています。そうすると私も当然、アラン島に渡る前に、それを「ぜひ見てみたい」と思うわけです。それで私も行きまして、見ました。

では、どうしてその「レプラコーン・クロッシング」が、司馬さんが行ったときには立っていなくて、帰りには立っていたのか。

そのからくりはこうです。

イギリスには「パブ」という居酒屋兼食堂があって、山道の峠のところにその居酒屋がある。その居酒屋が自分の家の前で車を止めさせるために、「レプラコーンが通り過ぎるから車は止まれ、歩いている人もここで止まれ」というメッセージを込めるために、店が開いている間中はその交通標識を立てているのです。けれども、夜になると居酒屋の主人

アラン島
島全体が一つの岩盤でできている

司馬さんも見たレプラコーン・クロッシングの標識
（写真：www.gettyimages.com/detail/55843110/Photodisc より）

レプラコーン
レプラコーンとは「靴直しの小人」のこと

は峠の下の町に帰ってしまいますから、次の日の昼までは交通標識はなくなる、というわけです。

司馬さんはそのからくりを知らなかった。だから「帰りに見られた」と書いたわけです。

司馬さんがこだわった「もう一つの物語」

「司馬さんに、自分の土地の物語を書いてもらいたかった。うちの町にも来て見てもらいたかった」

――そういう人がまだいろんなところにいます。

私が地方に講演に行ったりすると、そういうふうにいわれることが多いです。私は講演で司馬さんの話だけをしているわけではありませんけども、しかし私が司馬さんと親しく付き合っていたいちばん若い世代であるということを知っている人が多いので、そのようにいわれるのでしょう。

私は群馬県、関東の生まれですが、『街道をゆく』の中では、群馬県は扱われておりません。私にいわせれば、「なかなかよい、おもしろいところもありますよ」といいたいところであります。だけど、司馬さんは書かない。

徳川家康が江戸に幕府を開いて、江戸城で関八州を支配し、全国の藩に指令を出す。これが徳川二六〇年を支えた幕藩体制でありました。この関八州というのは相模(さがみ)・武蔵(むさし)・

安房・上総・下総・常陸・上野・下野ですから、いまの関東七都県です。そこを全部幕府の御領にしました。ですからほとんど藩がない。群馬の多くは旗本の所領地です。旗本が幕府直轄の役人として、たとえば勝海舟（麟太郎）は安房国、『南総里見八犬伝』（八犬士が力を合わせて里見家を再興する話。曲亭馬琴〈一七六七～一八四八〉作。九八巻一〇六冊。一八一四～一八四二年刊）の安房国をもらいます。だから勝海舟の名乗りは勝安房守です。

司馬さんは『「明治」という国家』という本の中で、

「自分がとても好きなのは、小栗上野介である」

と書いています。「上野」と書きますが、「こうずけ」です。これは群馬県の高崎と前橋の間にあり、上野国の上野村がいまも残っています。上野国というのが群馬県のことです。小栗上野介忠順（一八二七～一八六八）は、戊辰戦争では幕府の主戦派として徹底抗戦を唱えますが、入れられず、領地上野へ帰ります。そこで明治政府軍に捕らわれて処刑されてしまう。最後の陸軍奉行です。咸臨丸に乗って福沢諭吉、勝海舟と一緒にアメリカに渡って日米修好通商条約（一八六〇）を結んでくる一人が、この小栗上野介です。

そこの物語だって、群馬県について書こうと思えば書けます。

しかし、そういう幕府の物語とか、権力の物語とかいうのは、司馬さんはあまり書きたくない。もう評価が決まっている人物についても、あまり書きたくない。

幕末でいえば、西郷隆盛でも大久保利通でも木戸孝允でもなく、坂本龍馬という、その当時はほとんど無名に近かった人物を取り上げて『竜馬がゆく』を書く。西郷隆盛・大久保利通・木戸孝允、この三人が維新三勲ですから、その四番目にも、五番目にも坂本龍馬は入っていないのです。そうした明治をつくった元勲よりも、幕末の扉を開けて国民国家・海洋日本へと導いていった坂本龍馬のことを書く。自由な土佐の象徴として、司馬さんは龍馬を描くのです。

新撰組を書けば、近藤勇という局長ではなく、土方歳三（ひじかたとしぞう）という副長を書く（『燃えよ剣』）。これは司馬さんの、「日本人はこういうふうに生きたほうがいい」というメッセージともとれます。

そのように、日本の物語を書くとすると、日本の「もう一つの物語」を書く。だから、権力の中枢の関東のことなんていうのは、あまり書きたくない。京都のことを書いても、天皇の物語は書きたくない。そういう意思をかなり強く持っている人でした。

もうひとつ、司馬さんにはリアリストの側面がありました。「経済」というものを必ず踏まえているのです。

たとえば、『国盗り物語』の主人公・斎藤道三は「まむしの道三」といわれて、日本国民から嫌われていた人物です。汚いことでも、生きるためには何でもする。そのような「まむしの道三」を、司馬さんはプラスのイメージにひっくり返した。つまり、歴史を動かす要因として、経済が必要だ、という考え方です。

斎藤道三は、もとはといえば「油売り」の商人ですし、坂本龍馬も、もとはといえば商人の生まれです。ですから、「計算ができないやつはだめだ」という合理主義がある。そういう「合理的な考え方をする人物を描くのが、司馬さんの小説のいちばんの特徴です。逆にいうと、「美談」になっているようなものは扱わない。

司馬さん本人の顔を見ると、非常に温顔で、人に対して本質的に優しさを持っている人ではありますけども、じつは好みは激しいのです。

非常に頑固なというか、非常に自分の好みのはっきりした人であります。だから嫌いなものはあまり書かないというだけの話なんです。好きなものに関しては、どんどん調べていって書く、ということになってくるのです。

天皇のことを書かなかった司馬さん

最後に、「三島事件」と『街道をゆく』との関連について触れておきたいと思います。というのは、これは三島由紀夫と司馬遼太郎の《美しい日本》をめぐる対決ということだけでなく、戦後日本の精神史というものを考えるうえで重要だと思うからです。

もっといえば、三島事件を「三島由紀夫と司馬遼太郎」の対立構図としてとらえ、戦後日本の精神史のなかに「解き放つ」といった思想的営みを、この四十年近くのあいだ、なぜ誰もしなかったのか。問われているのは、この四十年近くの私たち自身なのかもしれない。もう一回、この「対決の原点」に帰る必要があるんじゃないか、という気がするからです。

一九七〇年十一月二十五日、三島さんは東京・市ケ谷の陸上自衛隊駐屯地で、自衛隊員を前に軍事クーデターを呼びかけ、

「天皇陛下万歳！」

と叫んで、自決しました。

あのとき、もっとも激しい批判を展開したのが司馬さんでした。

司馬さんはその日、『毎日新聞』から、この事件についての感想を求められ、「異常な三島事件に接して」（一九七〇年十一月二十六日朝刊）と題した批評文を書いています。その書き出し部分には、こうあります。

「三島氏のさんたんたる死に接し、それがあまりになまなましいために、じつをいうと、こういう文章を書く気がおこらない。ただ、この死に接して精神異常者が異常を発し、かれの死の薄よごれた模倣をするのではないかということをおそれ、ただそれだけの理由のために書く。」

――司馬さんはなぜ、三島さんの死に際して「異常な三島事件に接して」という、この激烈な内容の批評文を書こうと思ったのでしょうか。

司馬さんと三島さんは、ほとんど同じ年なんです。司馬さんは大正十二年生まれで、三

島由紀夫は大正十四年の生まれですから、実年齢とすれば一年五カ月しか違わない。時代体験とするとほとんど同じです。同時代を生きている。

その、同時代人ともいえる二人が、なぜあのように異なる人生を歩み、一九七〇年十一月二十五日の時点で激突するような「場所」に立つことになったのか。

それは四年ほど前、司馬さんの『街道をゆく』全四十三巻の解説を担当したときでした。全四十三巻を読み終えたあと、あらためて三島由紀夫の自決と、司馬さんの『街道をゆく』シリーズとの内的関連に気づいたのです。二十五年にわたって書き継がれた『街道をゆく』シリーズには「天皇の物語」がない――と。

たとえば、連載の第一回目は『湖西のみち』ですが、これは琵琶湖の西側を書いています。琵琶湖となれば当然、滋賀の都でしょう。天智天皇（六二六〜六七一）、天武天皇（〜六八六）の話が出てくるでしょう。それが、まったく出てこないのです。

はじめのところでもいいましたけれども、古代において、近江にたどり着いた渡来民は「安曇族」です。海を渡ってきた海洋民族が、安曇族なのです。それが住み着いた。その湖西の物語をずっと書くわけです。

新羅神社や、いまいった安曇族や、朽木街道を北上していった織田信長（一五三四〜一五八二）のことなどが出てきても、大化改新を行ない、近江大津宮（大津京）をつくった天智天皇のことがまったく出てこないのです。

また、『越前の諸道』では、越の国（北陸道の旧称）から出た謎の継体天皇（北陸地方から大和〈やまと〉に入って皇位を継いだとされる）のことは触れられていても、すぐに話を永平寺をつくった曹洞宗の道元（一二〇〇～一二五三）に移して、そこから道元を追って日本にきた寂円という中国僧のほうに大きく話を移してゆくのです。

京都の『大徳寺散歩』や『嵯峨散歩』では、この二つの地名が天皇家や皇室の歴史と大きな関わりをもつのに、そこにはいっさい触れない。その京都をめぐる大きな物語、つまり「天皇の物語」や、朝廷と藤原氏、武家と公家、そうして幕末動乱の物語からズラしてゆくのです。『嵯峨散歩』では、古代日本に渡来してきた秦氏や、夢窓国師（夢窓疎石。一二七五～一三五一）の天龍寺や、豆腐の日本化の物語がメインになる。

天皇の話は書かない。司馬さんは「天皇の物語」で、日本を代表させたくなかったのだと思います。「天皇の物語」で日本の原理を、日本人の物語を語りたくない、そう司馬さんは考えたのではないでしょうか。

こういった物語の深層構造には、何が横たわっているのか――。

全四十三巻を読み終わったあとで、ひとしきり考えているうちに、『街道をゆく』シリーズの、最初の連載『湖西のみち』が始まった日付に気づいたというわけです。

『街道をゆく』と三島事件

三島さんは、戦後日本を民主主義的にかたちづくった昭和天皇を否定しつつ、「などてすめろぎ（天皇）は人間（ひと）となりたまひし」といい、「美しい日本」を「天皇」という美の原理に収斂させていった。これに対して司馬さんは、三島の自決を「さんたんたる死」と書き、この「異常な三島事件」を「狂気の死」ととらえて、否定したわけです。

そうだとすれば、司馬さんがその三島の自決と接するように、『街道をゆく』シリーズを書き始め、そこに「天皇の物語」を書かなかった意味を、私たちは深く受けとめる必要があるだろうと思います。

司馬さんが『街道をゆく』のシリーズで書いた「美しい日本」は、日本文化のモノづくり、たとえばコメづくりや砂鉄づくり、そうして飛騨の「匠（たくみ）」などのことであったのです。日本人は千年働いてきました。正確にいえば千五百年働いてきた。

だから司馬さんは、「天皇の物語」で日本を語りたくない。

そうではなくて、地方の道をつくり、砂鉄を掘り、千枚田をつくり、木綿を織り、あるいは「飛騨の匠」を取り上げることによって、まさに日本人の理想を象徴しているような生き方ではないか、ということを書いたのです。

つい最近のことですが、私は司馬さんが書かなかった「天皇の物語」についての仮説を、半藤一利さんとの対談（「司馬遼太郎と日本人の物語」）で述べました。

すると、半藤さんは即座に、

「松本さんのその指摘は、ものすごい発見だと思いました」

と応じてくれたのです。

それが「ものすごい発見」であるかどうかはともかく、司馬さんが亡くなってから十二年、三島事件の直後に『街道をゆく』の連載を始めてから四十年近くも、誰もその事実に、いや私自身が気づかなかった。

私は、半藤さんとの対談のなかで、「三島由紀夫事件」と司馬遼太郎の『街道をゆく』との内的関連について、次のように述べました。

「三島さんが戦後日本に対して、美しい天皇もしくは絶対的なる神のごとき天皇というものがなければ、日本はそのまま『からっぽ』の国になって、気高い日本はなくなってしまうんだといった。ところが司馬さんは、三島事件に接して『街道をゆく』を書き始める。そこに天皇の物語は出てきません。美しい日本を天皇の物語なんかには収斂させないという、断固たる意志だと思います。

それが二十五年もつづく。檮原街道や千枚田をつくった人、あるいは飛騨の匠とか、こうしたものに注目したのは司馬さんならではですね。モノづくり日本の、そこに美しさがある。あるいは、日本人の精神があるんだという見方です」

――と。

司馬さんは「目の思考の人」でした。「実際のものを見よう」「論はやめよう」とよくいっていました。ものを見ることによって、実際の人間の生き方が見えてくるんだという考え方です。

かつて私は、司馬さんのことを「理性と気概の人」と書きましたが、司馬さんは何とおっしゃるでしょうか。「そんな簡単なものじゃない」という声が聞こえてきそうです。

（日本経済新聞社『Waga Maga』、「倉吉市制五十五周年記念」のNHK公開セミナー〈二〇〇八年十月十一日〉での講演に加筆・改変）

松本 健一（まつもと けんいち）

1946年群馬県生まれ。1968年東京大学経済学部卒業、旭硝子勤務。翌年退職し法政大学大学院で近代日本文学を専攻。1971年、評伝『若き北一輝』で注目される。1974年博士課程修了。評論家、思想家、作家、歴史家として執筆を続ける。1983年中国・日本語研修センター教授。1994年麗澤大学経済学部教授。2009年より麗澤大学比較文明文化研究センター所長。2010年内閣官房参与に就任。
1995年『近代アジア精神史の試み』でアジア・太平洋賞、2005年『評伝 北一輝』全5巻で司馬遼太郎賞、毎日出版文化賞を同時受賞。司馬遼太郎記念財団評議員、日本財団評議員、司馬遼太郎賞選考委員、アジア・太平洋賞選考委員。『竹内好論』『大川周明』『白旗伝説』『評伝 佐久間象山』『砂の文明・石の文明・泥の文明』『畏るべき昭和天皇』『海岸線の歴史』『三島由紀夫と司馬遼太郎』『維れ新たなり』など著書多数。

日本近代(にほんきんだい)の憧(あこが)れと過(あやま)ち

2011年3月20日　初版第1刷発行

著者　　松本健一

発行人　佐々木久夫
発行所　株式会社人間と歴史社
　　　　東京都千代田区神田駿河台3-7　〒101-0062
　　　　電話　03-5282-7181（代）／FAX　03-5282-7180
　　　　http://www.ningen-rekishi.co.jp
装丁　　安東洋和
印刷所　株式会社シナノ

© 2011 Kenichi Matsumoto, Printed in Japan
ISBN 978-4-89007-181-4

視覚障害その他の理由で活字のままでこの本を利用出来ない人のために、営利を目的とする場合を除き「録音図書」「点字図書」「拡大写本」等の製作をすることを認めます。その際は著作権者、または、出版社まで御連絡ください。

ガンディー「知足」の精神

森本達雄 編訳

「世界の危機は大量生産への熱狂にある」「欲望を浄化せよ」——。ガンディーがあなたの魂の力に訴える！

本書はガンディーの思想のエッセンスをキーワードをもとに再構成。
「文明は、需要と生産を増やすことではなく……欲望を減らすこと」というガンディーの「知足」の精神は今日の先進社会に生きる我々への深い反省とメッセージである。本書には、現代人が見失った「東洋の英知」ともいうべき精神のありようが、長年の実践に裏づけられた珠玉の言葉としてちりばめられている。

定価：2,100 円（税込）

ISBN 978-4-89007-168-5

タゴール 死生の詩

森本達雄 編訳

深く世界と人生を愛し、
生きる歓びを最後の一滴まで味わいつくした
インドの詩人・ラビンドラナート・タゴールの
世界文学史上に輝く、
死生をテーマにした最高傑作

定価：2,100 円（税込）

ISBN 978-4-89007-131-9

我が国における
ホスピス・ターミナルケアの
歴史を網羅

医学、心理学、哲学、思想、教育、宗教から
現代の死を捉えた本邦唯一の叢書！
比類ない症例数と詳細な内容！

シリーズ
死の臨床
日本死の臨床研究会●編

全10巻

【編集責任代表】大阪大学名誉教授・日本死の臨床研究会前世話人代表
柏木哲夫

セット価格：60,900円（税込）
各巻定価：6,090円（税込）
各巻A5判上製函入

日本人はどう生き、どう死んでいったか

「本書は、全人的な医療を目指す医療従事者や死の教育に携わる人々の間で、
繰り返し参照される感動的な記録として継承されていくだろう。
同時にこの大冊には、21世紀の医学創造のためのデータベースとすべき豊穣さがある」
……………作家・柳田邦男氏評

アーユルヴェーダ ススルタ大医典

Āyurveda Sushruta Samhitā

K. L. BHISHAGRATNA【英訳】
医学博士 伊東弥恵治【原訳】 医学博士 鈴木正夫【補訳】

現代医学にとって極めて刺激的な書
日野原重明 聖路加国際病院理事長・名誉院長

「エビデンス」と「直観」の統合
帯津良一 帯津三敬病院理事長

「生」の受け継ぎの書
大原 毅 元・東京大学医学部付属病院分院長

人間生存の科学
――「Āyuruvedaの科学は人間生存に制限を認めない」

生命とは何か
――「身体、感覚、精神作用、霊体の集合は、持続する生命である。常に運動と結合を繰り返すことにより、Āyus（生命）と呼ばれる」

生命は細胞の内に存在する
――「細胞は生命ではなく生命は細胞の内に存在する。細胞は生命の担荷者である」

生命は「空」である
――「内的関係を外的関係に調整する作業者は、実にĀyusであり、そのĀyusは生命であり、その生命はサンスクリットでは『空』（地水火風空の空）に相当する、偉大なエーテル液の振動である」

定価：39,900円（税込）
A4判変型上製函入